ISRAEL PALESTINA

PAZ O GUERRA SANTA

MARIO VARGAS LLOSA

ISRAEL
PALESTINA

PAZ O GUERRA SANTA

FOTOGRAFÍAS DE MORGANA VARGAS LLOSA

AGUILAR

AGUILAR

ISRAEL/PALESTINA.
PAZ O GUERRA SANTA

© Del texto: Mario Vargas Llosa, 2006
© De las fotografías: Morgana Vargas Llosa, 2006
© De esta edición:
2006, Santillana S.A.
Av. Primavera 2160, Santiago de Surco
Lima, Perú
Tel. 313 4000

- Santillana Ediciones Generales S.L.
  Torrelaguna 60,28043, Madrid, España
- Aguilar, Altea, Taurus, Alfaguara, S. A. de C. V.
  Avda. Universidad 767, Col. del Valle, 03100, México
- Distribuidora y Editora Aguilar, Altea, Taurus, Alfaguara, S. A.
  Calle 80 N° 10-23, Bogotá, Colombia
- Aguilar Chilena de Ediciones Ltda.
  Doctor Aníbal Ariztía 1444, Providencia, Santiago de Chile, Chile
- Ediciones Santillana S. A.
  Constitución 1889. 11800, Montevideo, Uruguay
- Santillana de Ediciones S. A.
  Avenida Arce 2333, Barrio de Salinas, La Paz, Bolivia
- Santillana S. A.
  Avda. Venezuela 276, Asunción, Paraguay
- Aguilar, Altea, Taurus, Alfaguara, S. A.
  Leandro N. Alem 720 C1001AAP, Ciudad de Buenos Aires, Argentina

Textos y fotografías publicados originalmente en *El País*
Diseño de cubierta: Rudesindo de la Fuente
Imagen de cubierta: © Morgana Vargas Llosa

ISBN 9972-848-13-2
Hecho el Depósito Legal en la Biblioteca Nacional del Perú N° 2006-4747
Registro de Proyecto Editorial N° 31501400600349
Primera edición: junio 2006
Tiraje: 1500 ejemplares

Impreso en el Perú - Printed in Peru
Metrocolor S. A.
Los Gorriones 350, Lima 9 - Perú

Índice

Israel/Palestina: paz o guerra santa

Estuve en Israel/Palestina para escribir este reportaje quince días, entre el 30 de agosto y el 15 de septiembre de 2005. Mi hija Morgana fue dos semanas antes, para fotografiar la salida de los colonos de los veintiún asentamientos israelíes de la franja de Gaza y para gestionar las entrevistas que me ayudaron a redactar estas crónicas. Tanto del lado israelí como del palestino debo reconocer y agradecer las facilidades que me permitieron recorrer, en todas direcciones, un territorio en el que las barreras militares, los puestos de observación y la valla de seguridad dificultan tremendamente los desplazamientos y a veces los vuelven imposibles.

Los ocho artículos aparecieron en el diario *El País*, de Madrid, y en una veintena de publicaciones de América Latina en el mes de octubre. En Europa, hasta donde he podido averiguarlo, sólo *La Repubblica*, de Roma, publicó la serie completa, en tanto que otros diarios, como *Le Monde*, de París, se limitaron a publicar sólo fragmentos del reportaje.

Los publico ahora en este libro tal como fueron escritos, con algunas mínimas correcciones de puntuación o de palabras que no alteran en lo más mínimo su factura original. He añadido, como anexos, unos artículos aparecidos en mi columna Piedra de Toque en los últimos años en torno al conflicto palestino-israelí.

Aunque esperaba que mi reportaje me acarrearía críticas, me ha sorprendido su número y la virulencia de alguna de ellas, sobre todo de quienes, conociendo mi trayectoria de solidaridad con Israel, me reprochan haberme pasado al enemigo. Cualquiera que lea este libro de manera desapasionada comprobará que aquella acusación es absurda. Mi postura a favor de la existencia de Israel y de su derecho a defenderse de los fanáticos que, como dijo hace poco el flamante presidente de Irán Mahmud Ahmadineyad, quisieran «desaparecerlo de la faz de la tierra», no ha variado un ápice. Ni tampoco mi admiración por muchos de sus logros, como haber alcanzado un notable desarrollo económico y un elevadísimo nivel de vida a la vez que libraba guerras y se veía amenazado dentro y fuera de sus fronteras, y preservar un sistema democrático que, en lo que concierne a los ciudadanos israelíes, funciona de manera impecable.

Mis críticas al Gobierno israelí por la política que lleva a cabo en la cuestión palestina están inspiradas en los mismos principios de amor a la libertad y a la justicia que me han hecho defender a Israel contra quienes lo caricaturizaban como un mero peón del imperialismo en Oriente Próximo. Y, desde luego, no acepto el chantaje al que recurren muchos fanáticos, de llamar «antisemita» a quien denuncia los abusos y crímenes que comete el Gobierno de Israel. Afortunadamente, basta para demostrar la puerilidad de ese reproche la existencia, en el propio Israel, de un importante número de ciudadanos israelíes críticos que se niegan a ser silenciados por los intolerantes que, esgrimiendo el sempiterno argumento de los enemigos de la libertad, los acusan de traicionar al pueblo judío y de dar armas a sus enemigos. La mejor tradición del pueblo judío es la de la resistencia a la opresión y a la mentira y, a mi modesto entender, ella está mejor representada por aquellos inconformes que por quienes quisieran callarlos.

Si pusiera los nombres de todas las personas que me ayudaron a escribir este reportaje la lista sería interminable. Pero, por lo menos, quisiera citar a dos jóvenes, sin cuya colaboración el trabajo mío y el de Morgana hubiera sido mucho más arduo de lo que fue: Stefan Reich y Ricardo Mir de Francia.

Este libro está dedicado a los justos de Israel.

Mario Vargas Llosa

Madrid, noviembre de 2005

I

Luces y sombras de Israel

Si el conflicto palestino-israelí no existiera, o hubiera sido ya resuelto de manera definitiva, el mundo entero vería en Israel uno de los éxitos más notables de la historia contemporánea: un país que en poco más de medio siglo —nació como Estado en 1948— consigue pasar del tercer al primer mundo, se convierte en una nación próspera y moderna, integra en su seno a inmigrantes procedentes de todas las razas y culturas —aunque, por lo menos en apariencia, de una misma religión—, resucita como idioma nacional una lengua muerta, el hebreo, y la vivifica y moderniza, alcanza altísimos niveles de desarrollo tecnológico y científico, y se dota de armas atómicas y de un ejército equipado con la infraestructura más avanzada en materia bélica y capaz de poner en pie de guerra en brevísimo plazo a un millón de combatientes (la quinta parte de su población).

Este logro es todavía más significativo si se tiene en cuenta que la Palestina donde llegaron los primeros sionistas procedentes de Europa, en 1909, era la más miserable provincia del imperio otomano, un páramo de desiertos pedregosos convertido ahora, gracias al trabajo y al sacrificio de muchas generaciones, en poco menos que un vergel. Es verdad que Israel ha contado con una generosa ayuda exterior, procedente principalmente de los Estados Unidos, del que recibe anualmente cerca de tres mil millones de dólares, y de la diáspora judía, un factor que hay que tener en cuenta, pero que de ninguna manera explica por sí solo la impresionante transformación de Israel en uno de los países más desarrollados y de más altos niveles de vida del mundo. Por ejemplo, Egipto recibe una ayuda más o menos equivalente de Estados Unidos y nadie diría que le ha sacado el menor provecho para el conjunto de su población. Y los grandes países productores de petróleo, como Venezuela o Arabia Saudí, sobre quienes el oro negro hace llover desde hace muchos años una vertiginosa hemorragia de dólares, siguen, debido a la ineficiencia, el despotismo y la cancerosa corrupción de sus gobiernos, profundamente enraizados en el subdesarrollo. Ninguno de ellos ha aprovechado de sus recursos y de las oportunidades creadas por la globalización como Israel.

Es verdad que, en los últimos años, a medida que, gracias a su despegue industrial, sobre todo en el campo de las nuevas tecnologías, el crecimiento económico israelí se disparaba y el país dejaba de ser rural y se volvía urbano, la sociedad más o menos igualitaria y solidaria con la que soñaban las primeras generaciones de sionistas, y de la que todavía era posible encontrar huellas en el Israel que yo conocí hace treinta años, iba siendo reemplazada por otra, mucho más dividida y antagónica, donde las distancias entre los sectores más ricos y los más pobres aumentaban de manera dramática y el idealismo de los pioneros y fundadores de Israel iba siendo reemplazado por el egoísmo individualista y el materialismo generalizado que es rasgo universal de todas las grandes sociedades contemporáneas.

Israel se jacta de haber cumplido esta veloz trayectoria histórica hacia el bienestar dentro de la legalidad y la libertad, respetando los valores y principios de la cultura democrática, algo que ha brillado y sigue brillando por su ausencia en todo Oriente Próximo. Ésta es una verdad relativa, que exige importantes matizaciones. Israel es una democracia en el sentido cabal de la palabra para todos los ciudadanos judíos israelíes quienes viven, en efecto, dentro de un Estado de Derecho, que respeta los derechos humanos, garantiza la libertad de expresión y de crítica, y en la que quien siente vulnerados sus derechos puede recurrir a unos jueces y tribunales que funcionan con independencia y eficiencia. He estado cinco veces en Israel, a lo largo de tres décadas, y siempre me ha impresionado la energía y la firmeza con que se practica la crítica, y la diversidad de opiniones en los periódicos y revistas publicados allí en lenguas a mi alcance, en debates y discusiones o pronunciamientos públicos de partidos, instituciones o figuras individuales formadoras de opinión. No creo exagerado afirmar que probablemente en ninguna otra sociedad se critica de manera tan constante, y a veces tan acerba, a los Gobiernos de Israel como entre los propios israelíes.

Estas excelentes costumbres democráticas se reducen considerablemente, y a veces desaparecen por completo, cuando se trata del millón y pico de árabes israelíes —musulmanes en su gran mayoría y una minoría cristiana—

que constituyen aproximadamente el 20 por ciento de la población. En teoría son ciudadanos a carta cabal, con los mismos derechos y deberes que los judíos. Pero, en la práctica no lo son, sino ciudadanos discriminados, para los que no existen las mismas oportunidades de que gozan aquéllos y que tienen tanto los accesos a los servicios públicos —educación, salud— como al empleo, la adquisición de propiedades, o el simple movimiento físico, mediatizados, recortados o suprimidos con el argumento de que estas cortapisas y limitaciones son indispensables para la seguridad de Israel.

Pero los ciudadanos árabes israelíes, pese a todo ello, viven en condiciones envidiables si se compara su caso con el de los millones de palestinos del West Bank y, hasta ayer, de la franja de Gaza, es decir, los territorios que Israel ocupó en 1967, luego de la guerra de los Seis Días, en que derrotó a los Ejércitos de Siria, Jordania y Egipto. (El West Bank estaba entonces bajo el dominio jordano y Gaza bajo el egipcio). Esta victoria, de la que la gran mayoría de los israelíes se sienten orgullosos por razones militares y/o religiosas —su pequeño país derrotaba en un cerrar de ojos a una gran coalición militar del mundo árabe y recuperaba para los judíos la totalidad del ámbito de su historia bíblica—, convirtió a Israel en algo que ha sido su pesadilla desde entonces y lo que ha contribuido más que nada a desencadenar la antipatía o la franca hostilidad hacia sus gobiernos de una buena parte de la opinión pública internacional: en un país colonial. Y nada corrompe tanto a una nación, desde los puntos de vista cívico y moral, como volverse una potencia colonizadora. Coincidiendo con aquella conflagración de 1967, el general De Gaulle hizo entonces una descripción de los israelíes que generó una gran polémica (y mereció, entre otras muchas, la respuesta encendida de Raymond Aron). Los llamó «pueblo de élite, seguro de sí mismo y dominador». No estoy seguro de que entonces fuera cierto; pero sí lo estoy de que, de entonces a ahora, insensiblemente, y debido a la conquista de aquellos territorios así como a su enriquecimiento y poderío, Israel se ha ido acercando a lo que, cuando fue lanzada, nos pareció a muchos una injusta y exagerada descripción.

En lo que concierne a su relación con los palestinos, todas son sombras que maculan moralmente el formidable progreso material y social de Israel. En los treinta y ocho años de ocupación, los palestinos han visto sus tierras expropiadas e invadidas por cientos de miles de colonos que, casi siempre alegando los derechos divinos, se posesionaban de un lugar y de unos campos, los cercaban y venía luego el Ejército a proteger su seguridad y a consumar el despojo, manteniendo a raya o expulsando a los despojados. Pese a las duras rivalidades que las enfrentan, tanto la izquierda como la derecha israelí, han coincidido en esta política de apoyar la multiplicación y el ensanchamiento de los asentamientos por colonos convencidos de que, actuando de este modo, cumplían la voluntad de Dios. Este proceder abusivo ha sido el mayor obstáculo para un acuerdo de paz, pues, a la vez que, de palabra, los Gobiernos israelíes decían siempre desearla, en la práctica la desmentían con una política que a ojos vista iba aumentando y refrendando la ocupación colonial.

No hay duda alguna de que, debido a sus enormes divisiones políticas internas, a la práctica del terrorismo, a la ineficiencia y torpeza de sus líderes, los palestinos han defendido muy mal su causa, desaprovechando a veces oportunidades como la que, a mi juicio —el tema es objeto de tremendas controversias en Israel y en Palestina— representaron las negociaciones de Camp David y de Taba en el año 2000, en los finales del Gobierno laborista de Ehud Barak. Pero, aun así, y sin que ello signifique la menor justificación del salvajismo irracional de los atentados contra la población civil y de las bombas de los suicidas palestinos —voladura de autobuses, restaurantes, cafés, discotecas, tiendas—, los atropellos cometidos por el Gobierno israelí contra la población palestina en general —puniciones colectivas, demoliciones de casas, asesinato de líderes terroristas aunque para ello sea inevitable que mueran civiles inocentes, detenciones arbitrarias, torturas indiscriminadas, juicios de caricatura en que los jueces condenan a los acusados a largas penas sin que los abogados defensores puedan siquiera conocer el acta de acusación, que se mantiene secreta por razones de inteligencia militar, etcétera— son injustificables e indignos de un país civilizado.

Después del fracaso de los acuerdos de Oslo, que habían despertado tanta euforia en todo el mundo y en especial en Israel —yo estuve allí por aquellos días y viví ese entusiasmo—, y luego de la subida al poder de Ariel Sharon, bestia negra de los pacifistas y de todos los partidos moderados del país, las esperanzas de paz parecían enterradas por un buen tiempo. Nadie había promovido tanto como aquél la política de los asentamientos de colonos en los territorios ocupados ni nadie había saboteado con tanta vehemencia todos los intentos de solución negociada del conflicto —desde Oslo a Camp David y Taba— como el líder del Likud. ¿Quién hubiera dicho que la misma persona que dirigió la invasión militar de Líbano, que estuvo implicada en las matanzas de refugiados palestinos de Sabra y Shatila y que con su paseo provocador por la plaza de las Mezquitas contribuyó a desatar la segunda Intifada y a frustrar los acuerdos de paz de Oslo, iba pocos años después, de manera unilateral, a cerrar los 21 asentamientos coloniales de la franja de Gaza y a devolver esta tierra arrebatada al pueblo palestino?

¿Qué ha habido detrás de esta audaz iniciativa? ¿Una concesión táctica, para distraer la atención internacional mientras Israel acentúa la política de apropiación de las tierras del West Bank? ¿O un intento serio de mostrar al mundo la voluntad de Israel de poner de una vez por todas un fin razonable a este conflicto? ¿Qué piensan de ello los israelíes y los palestinos? Para tratar de averiguarlo, acabo de pasar quince días en Israel y en los territorios ocupados, hablando con gente de toda condición e ideología, viendo y oyendo lo más que podía y tratando de sobrevivir al calor, la intensidad de las vivencias y la fatiga. Porque en Israel y en Palestina se vive más que en otras partes y el tiempo parece durar allá menos que en el resto del mundo. Acaso ésa sea la razón por la que tres de las cuatro grandes religiones de la historia de la humanidad tengan allí sus raíces y por la que ese puñado de kilómetros cuadrados haya hecho correr desde hace cuatro milenios más sangre y locura que cualquier otra región del mundo.

II

El plan secreto de Ariel Sharon

No sé cuántos israelíes me contaron que al primer ministro Ariel Sharon su madre lo arrulló de niño cantándole al oído este estribillo: «Desconfía siempre de los árabes». Y que esa enseñanza materna ha sido hasta ahora la espina dorsal de su política. En cambio, parece haber renunciado a otro precepto que hasta hace poco tiempo guiaba también su conducta pública: la construcción del Gran Israel, un Estado judío de contornos bíblicos que incluiría la franja de Gaza y los territorios ocupados (a los que él siempre llamó Judea y Samaria). Por eso, fue el gran propulsor de los asentamientos de colonos que se han multiplicado como hongos por Cisjordania, el más encarnizado adversario de los acuerdos de Oslo (1993-1995) entre el Gobierno de Isaac Rabin y la OLP de Arafat y quien más obró para que fracasaran.

¿Qué llevó al Ariel Sharon que dirigió la invasión al Líbano de 1982 y que con su célebre paseo por la explanada de las Mezquitas, de Jerusalén, provocó la segunda Intifada o levantamiento armado de los palestinos, a anunciar, de pronto, que Israel se retiraba de Gaza y cerraba los 21 asentamientos de colonos de allí y otros 4 de Cisjordania? ¿Qué determinó esa mudanza que, de la noche a la mañana, convirtió a Sharon en un «traidor» para un importante sector de la derecha israelí que antaño lo idolatraba y en un inesperado aliado de moderados y pacifistas que hasta ayer lo consideraban su bestia negra?

Se lo he preguntado a decenas de israelíes y palestinos y las respuestas rara vez coincidían. Desde que fue una iniciativa para cancelar la investigación judicial que tenía abierta por tráficos de influencia y de corrupción —«¿Cómo se atrevería ahora el Fiscal general a enjuiciar como corrupto a un estadista al que el mundo entero aplaude y al que apoyan dos tercios de los israelíes?»— hasta una manera de conjurar las expectativas que despertaron en la opinión pública internacional los acuerdos de Ginebra firmados hace un par de años por un prestigioso grupo de palestinos e israelíes encabezado por los ex ministros Yossi Beilin y

Yasser Abed Rabbo (ambos tuvieron un papel importante en las negociaciones del año 2000 en Camp David y en el balneario egipcio de Taba en 2001).

«Sharon es un hombre práctico y realista», me dice su antiguo adversario y ahora aliado y vice primer ministro de Israel, el líder del Partido Laborista Simon Peres. «Las razones no importan. Importa que lo haya hecho. Es un paso hacia la paz y por eso lo apoyo. Dentro de un tiempo, habrá negociaciones para una solución global y definitiva con los palestinos». Con sus 82 años magníficamente llevados, y los sesenta de vida política, Simon Peres es ya más que un hombre público: una reliquia, un mito, el último de los grandes pioneros sionistas que se mantiene en el primer plano de la actualidad. Es un hombre fino, amable y con buenas lecturas con quien, hace diez años, nos pasamos un par de horas en una terraza de Jerusalén hablando de Flaubert. Cuando le digo que he oído a algunos de sus compañeros de partido criticarlo con severidad por su alianza con Sharon, algo que, creen ellos, puede destruir al laborismo y dejar la vida política de Israel convertida en un monopolio de la derecha, su respuesta es tajante: «La paz es más importante que el Partido Laborista». Si no tuviera la seguridad absoluta de que se ha abierto una nueva perspectiva de paz «seria», no estaría en el Gobierno. Cuando le pregunto si ese acuerdo israelí palestino en el que tiene tanta fe se sustentará más o menos en los lineamientos que figuran en los acuerdos de Ginebra de octubre de 2003, se ríe: «Ese documento es poesía. La paz con los palestinos tiene que ser escrita en prosa». Desde su despacho se divisan los rascacielos que han brotado por doquier en Tel Aviv, ciudad emblema del enorme progreso económico del país. «Sí, Israel ha prosperado mucho», reconoce, sin alegría. «Pero las desigualdades y los contrastes entre ricos y pobres son ahora enormes».

Su optimismo sobre la iniciativa de Sharon es compartido en Israel, sobre todo, por la gente de izquierda, de partido o independientes, y por escritores e intelectuales que han dedicado buena parte de su vida a luchar por la paz, como David Grossman y Amos Oz. Con el primero conversé en un café de Jerusalén que, años atrás, fue víctima de un atentado terrorista que lo destruyó. Entonces, se llamaba «Momentum». Ahora, reconstruido, ha sido rebautizado «Restobar» y está repleto de gente joven. Es uno de los pocos sitios de Jerusalén donde la presencia de los religiosos —que yo no recordaba tan abrumadora— brilla por su ausencia. «Ha sido algo inesperado, de alguien que jamás nos hubiéramos imaginado», dice Grossman. «Pero es una iniciativa que va en la buena dirección y hay que apoyarla. Ha ocurrido en un periodo en el que las perspectivas parecían negras para la paz».

Y Amos Oz, a quien conocí hace treinta años, cuando era todavía un *kibutznik* del kibutz Julda, donde trabajaba medio día con sus manos y el otro medio día escribía novelas, me explica: «Esto es el surrealismo israelí. Sharon, de quien decíamos "Si alguna vez sube al poder, habrá que huir de Israel", es por el momento la esperanza para la solución del conflicto. Los pacifistas no tenemos más remedio que defenderlo de sus compañeros del Likud, que son capaces de reemplazarlo como jefe del partido por Benjamin Netanyahu, que lo acusa de haberse pasado al enemigo. Quién hubiera imaginado nunca que la lucha por la paz con los palestinos pasaría en algún momento por Ariel Sharon».

Conversamos en su departamento luminoso y repleto de libros en varios idiomas, de las afueras de Tel Aviv, donde pasa parte del año; los otros meses vive en el desierto, no lejos de Beersheva, en cuya universidad da clases desde hace varios años y donde se aísla para escribir, escabulléndose de las servidumbres del éxito (acaba de recibir el premio Goethe en Alemania). Él también cree que, a partir de la evacuación de Gaza, hay un movimiento en marcha que puede conducir a un acuerdo con los palestinos. «Ahora, por primera vez, los judíos y los árabes han terminado por aceptar la idea de que en esta tierra habrá dos estados independientes. Puede ser que a muchos no les guste la idea, que la admitan con amargura y tristeza. Pero todos han comprendido que no hay otro remedio. Ése es un gran paso hacia un acuerdo que, tarde o temprano, será realidad. Habrá un estado israelí y otro palestino. No sé por qué Sharon lanzó esa iniciativa. Lo que cuenta es que ha abierto un proceso. Hay que mantenerlo vivo y no dejar que se vuelva a detener».

Amos Oz es uno de los escritores de nuestro tiempo *comprometidos*, en la acepción que dio al término Jean Paul Sartre, en los años cincuenta: un escritor para el que escribir es, al mismo tiempo que un empeño artístico, una responsabilidad cívica y moral. Sus ensayos y sus novelas reflejan la problemática israelí y son a menudo severos requisitorios contra los abusos y los crímenes causados por la ocupación de Gaza y los territorios ocupados, así como una permanente defensa del carácter laico del Estado de Israel para que conserve su naturaleza democrática, en contra de los extremistas ultra ortodoxos que quisieran imprimirle un sesgo religioso. «Los religiosos nacionalistas instalados en los asentamientos de Cisjordania que sueñan con el Gran Israel son peligrosísimos», afirma. Amos Oz sigue siendo sionista y ve con escepticismo la postura de los israelíes que, como la periodista Amira Hass o el historiador Ilan Pappe, piensan que en la idea sionista —un Estado sólo para los judíos— está la raíz de los problemas, la fuente de la xenofobia, el racismo y el nacionalismo que son obstáculos insuperables para un acuerdo, y defienden un Estado laico y binacional para palestinos e israelíes. «Tal vez, muy lejos, allá en el futuro. En lo inmediato, es una utopía. Me hicieron esa pregunta una vez, en Oslo. Yo, a mi vez, les pregunté: ¿por qué Noruega y Suecia que tienen tantas cosas en común no forman un solo país? ¿Para qué dos? Y entre esos dos países no hay ni sombra del contencioso de violencia, sangre, odio y resentimiento que marcan el conflicto palestino-israelí. Por ahora, luchemos por el reconocimiento de un Estado palestino por parte de Israel. Eso es lo realista. Después, ya se verá».

Todas las estadísticas dicen que la evacuación de Gaza y de los cuatro asentamientos de Cisjordania cuenta con el apoyo mayoritario de los israelíes. Pero en las dos semanas que yo pasé allá vi millares de cintas color naranja prendidas de los automóviles, manifestando la solidaridad con los colonos, y muy pocas de color azul, el color de quienes apoyaban la evacuación. Esto no quiere decir que las estadísticas mientan sino, probablemente, que los colonos y sus partidarios, toda la extrema derecha israelí, es mucho más militante que el sector moderado y que sentirse «traicionados» por el líder del Likud al que llevaron con sus votos al poder los ha puesto bravos, como a un toro de lidia las banderillas y la pica.

También entre los palestinos encontré a algunos dirigentes políticos esperanzados con que la evacuación de Gaza culmine en un acuerdo integral. Nabil Amr, ex ministro de Información de la Autoridad Palestina, y severo crítico de Arafat a quien los miembros de la brigada de al-Aqsa, una facción de Al Fatah, intentaron matar, me dice, en su elegante casa de las afueras de Ramallah donde vive protegido por una coraza de guardaespaldas: «Es un desarrollo muy positivo. Es la primera vez que Israel hace algo semejante. Debemos aprovechar esta oportunidad. El factor decisivo, a mi juicio, ha sido el presidente Bush, quien ahora debe seguir presionando a Sharon. Las condiciones son mejores que en el pasado para una negociación. La Autoridad Palestina hace esfuerzos para disminuir la corrupción que proliferó bajo el dominio de Arafat. De este modo recuperaremos el prestigio perdido. La gente no va a Hamás por razones religiosas, sino por desesperación, por falta de trabajo, por hambre, por la claustrofobia que le producen la ocupación y los asentamientos. No queremos un Estado islamista. En la actualidad, somos el país más libre de todo el mundo árabe. El Estado palestino será una democracia secular y pluralista».

Pero otros, como la diputada Hanan Ashrawi, el Dr. Haidar Abd al Shafi, padre del nacionalismo palestino laico, y Yasser Abed Rabbo, no creen que Ariel Sharon tenga la menor intención de completar la evacuación de Gaza con una negociación más o menos inmediata. La iniciativa del primer ministro israelí les parece una manera de ganar tiempo, por razones de política interna, o una maniobra de distracción para reforzar la ocupación de Cisjordania. El carismático Dr. Mustafa Barghouthi, secretario general de la Iniciativa Nacional Palestina, o al-Mubadara, un partido político del que fue también fundador Edward Said, cree que lo de Gaza es «una mera concesión táctica de Sharon. Ni siquiera es una verdadera retirada de la Franja, pues Israel mantiene el control de las fronteras terrestres, del espacio aéreo, del espacio marítimo, y de las fuentes de agua, de modo que puede seguir asfixiando a la población, impidiéndole trabajar, exportar, conectarse con los territorios palestinos de Cisjordania, y, si lo quiere, matarla de sed».

«Por otra parte», añade, «qué estupenda operación de relaciones públicas ante el mundo entero. Esos colonos desgarrados de la pena por tener que salir de sus lindas casas y floreados jardines, llorando y rezando abrazados a los soldados israelíes, que también lloraban y rezaban. ¡Qué espectáculo conmovedor! Y, ahora, resulta que Ariel Sharon se volvió un pacifista, un gobernante valeroso que se enfrentó a los fanáticos de su país y se ganó la admiración del mundo entero. ¡Qué pantomima!».

¿Quién tiene razón? ¿Es la evacuación de Gaza el principio del fin de la ocupación israelí

de los territorios que conquistó en 1967, en la
guerra de los Seis Días, o, gracias a ella Sharon reforzará su dominio colonial de Cisjordania, retrasando hasta las calendas griegas una
negociación en la que nunca creyó porque desde la cuna le enseñaron que no se puede confiar
en los árabes?

Quien me parece acercarse más a la posible verdad es Shlomo Ben Ami, que fue ministro de Relaciones Exteriores del Gobierno de Ehud Barak. Estuvo en las negociaciones
de Camp David y Taba, y se apartó del Partido Laborista cuando éste se alió a Sharon. Siempre fue un hombre de paz y es, además, una de
las cabezas más lúcidas a la hora de analizar las
perspectivas después de la evacuación de Gaza. No cree que a este hecho seguirá una negociación porque, dice, ni Sharon ni la opinión
pública en Israel están a favor de ella. Por el
contrario, una mayoría de israelíes piensa ahora, a diferencia de lo que pensaron cuando Oslo y cuando las negociaciones de Camp David,
donde Arafat rechazó la oferta más amplia que
hizo nunca Israel —devolver el 97 por ciento
de los territorios ocupados y compartir la administración de Jerusalén donde podría funcionar la capital del Estado palestino— que la
solución definitiva del conflicto vendrá a tra-

vés de decisiones unilaterales de Israel, como en Gaza. «Sharon ha renunciado a su sueño del Gran Israel y se resigna a la idea de un Estado palestino. Pero no será un Estado negociado. Será un Estado que imponga él a los palestinos, en unas condiciones tales que ese Estado no presente el menor riesgo para la seguridad de Israel, y sea un Estado inoperante, para no decir imposible».

Conversamos en un restaurante del viejo Tel Aviv, llamado «Carmella», en una casa de 1927, llena de columnas, una arquitectura que, dice Shlomo Ben Ami, «podría definirse como una transacción entre las nostalgias polacas de los sionistas de principios del siglo XX y el espíritu mediterráneo». Estudió historia en Oxford y habla un español impecable, que aprendió de niño, en Tánger, donde nació. Lo que me dijo aquella noche me acompañó durante todo mi viaje. Ahora estoy convencido de que sus sospechas son justas.

La presión internacional, los atentados terroristas de los suicidas que han causado un millar de muertos en Israel durante la segunda Intifada, la paranoia y el hastío que todo esto ha generado en Israel, y quizás, también, necesidades de supervivencia política, han llevado a Sharon a desprenderse de Gaza, un territorio donde 8.500 colonos rodeados de un millón trescientos mil palestinos creaban cada vez más dificultades a Israel para garantizarles la seguridad. Pero la devolución de Gaza no es lo que parece. A menos que se complete con una apertura de fronteras, una intensa actividad económica y un intercambio constante con Cisjordania, seguirá significando para los habitantes desempleo, hambre, frustración y violencia. Difícilmente podrá poner orden la Autoridad Palestina en un territorio donde las condiciones de vida empujan a muchos habitantes de las ratoneras que son los campos de refugiados en brazos del extremismo de Hamás. Por otra parte, si, en una etapa más o menos próxima, no queda otro remedio a Israel que reconocer el Estado palestino, con la construcción del muro de protección y los asentamientos que cuadrillan los territorios y se apropian de buena parte del terreno que correspondería a Palestina, el Estado que resulte será poco menos que un mero simulacro. ¿Lo aceptarán los palestinos? En una negociación, no. Pero acaso lo acepten si Sharon se los inflige, como en Gaza. Se habrán guardado las formas y la opinión pública internacional reconocerá el sacrificio que hace Israel en aras de la paz.

¿Es éste el plan secreto de Sharon? Si lo es, muchos factores podrían frustrarlo. Y el más terrible de todos, el terrorismo de los suicidas.

III

La sombra del terror

A Pnina, nacida en Jerusalén durante la guerra de los Seis Días, en 1967, hija de una pareja de judíos religiosos lituanos con vocación
de pioneros, siempre le encantó el español. Por
eso, apenas terminó sus dos años de servicio
militar, fue a Salamanca a aprender la lengua
e hizo después un viaje por Argentina, Brasil
y Chile, antes de regresar a Israel. Trabajaba
de guía turística cuando conoció al que es ahora su marido, el oftalmólogo colombiano Isaac
Aizenman. Éste hacía un viaje de paseo y no
pensó nunca trasladarse a Israel, pero el amor
cambió sus planes y lo indujo a hacer la *aliya*.
Pnina e Isaac se casaron y en 1997 tuvieron su
primera hija, a la que llamaron Gal («ola de
mar») y tres años después al segundo, Saggi.
    Pnina habla un español perfecto, con can-
tito colombiano, y es, a sus 38 años, una mu-

jer muy bella, pero en sus grandes ojos y en su semblante tan pálido hay algo helado, una tristeza que parece su segunda naturaleza. A juzgar por las fotos que nos muestra, Gal era, en efecto, una niña preciosa: bucles dorados, ojos verdes, sonrisa pícara, alegría de vivir. Aprendía ballet y le gustaba disfrazarse de Ratón Mickey. El miércoles 19 de junio de 2002, Noa, la madre de Pnina, que trabajaba en los jardines de la infancia de un asentamiento vecino a Ramallah, en Ofra, invitó a su hija y a sus dos nietecitos a un espectáculo para niños que ella había organizado.

«Eran los días de la Intifada y no se podía salir a ninguna parte, por los atentados», dice Pnina. «Salí a las dos de la tarde de Maale Adumin con mis dos hijos y fuimos a un paradero de French Hill, donde tomamos un autobús blindado que nos llevó a Ofra. El concierto les encantó a Saggi y a Gal. Regresamos a Jerusalén con Noa, mi madre, que quería echarme una mano en la casa. Volvimos a tomar el autobús blindado que nos dejó en el mismo paradero de la tarde. Allí debía recogernos Isaac, para llevarnos a la casa, en Maale Adumin».

Conversamos en una terraza de Jerusalén, en una mañana llena de sol, rodeados de unas piedras doradas que parecen centellear. Mi hi-

ja y yo estamos sobrecogidos y le digo a Pnina que, si es demasiado doloroso para ella, no
necesita contarnos más. «No, no», me replica
en el acto, «Usted debe saber». Pero, en verdad, lo que quiere decir es «El mundo, el uni-
verso deben saber».

«Cruzábamos la calle hacia la esquina donde debía haber estacionado Isaac. Mi madre
iba adelante, de la mano de Gal, y yo detrás,
con Saggi, en medio de mucha gente. Ya no
recuerdo más». Despertó horas después en el
hospital, con quemaduras en el cuerpo y un
dolor muy fuerte de cabeza. Le habían apli-
cado respiración artificial. Gal y su abuela Noa
fueron dos de las siete personas muertas al estallar la bomba del terrorista suicida, un militante de las brigadas de los mártires de al-
Aqsa, vinculada a Al Fatah, de Arafat. Hubo
muchos heridos, entre ellos el pequeño Saggi,
al que la policía descubrió sentado en el pavi-
mento, mudo y paralizado de terror, rodeado
de trozos humanos sanguinolentos. Para cau-
sar más daño, la bomba había sido rellenada
de púas y clavos y algunos de ellos se habían
incrustado en el cuerpo del niño, que, felizmente, pudo ser salvado.

«Cuando Isaac me contó que mi madre y
mi hija habían muerto, algo se murió también

dentro de mí», dice Pnina. «Quise desaparecer, evaporarme. Pero, haciendo un enorme esfuerzo, con Isaac decidimos que no, que había que vivir, por Saggi, por mi padre. Y hemos tenido dos hijitos más. La niña se llama Noga, una síntesis de los nombres de mi madre y mi hija: Noa y Gal». Pnina ha publicado un libro de poesías para niños, titulado «Poemas a Gal». Una de las consecuencias de aquello es que, desde entonces, la acompaña siempre «la sombra del terror» —Saggi también padece de ataques de pánico— y, otra, es que han cambiado sus relaciones con Dios. «Quedé enojada con Él y ahora no puedo prenderle velas», dice, con una serenidad glacial todavía más conmovedora que si llorara a gritos. «Siempre me pregunto: ¿dónde está, dónde estuvo Dios ese día? Isaac, en cambio, se ha vuelto mucho más religioso desde entonces y, por eso, respetamos el *shabbat*».

Como Pnina, Ariel Scherbakovsky también nació en Jerusalén, hace 25 años, pero vive ahora en Tel Aviv, donde me recibe en su pequeño departamento bohemio y alegre al que se meten las ramas de un ficus por el balcón. Viniendo de esa ciudad sofocada de historia y, pese a la hermosura de sus piedras, opresiva y reaccionaria que es Jerusalén, Tel

Aviv representa la cara más abierta, moderna y democrática de Israel. Hijo de argentinos inmigrados, Ariel habla un español lleno de dichos bonaerenses. Me dice que su vida comenzó en verdad a los 13 años, cuando descubrió a los Beatles. Por ellos supo que su vocación era la música. Durante sus tres años de servicio militar se las arregló para que el Ejército israelí lo destinara a una banda militar, de la que fue sonidista. Al volver a la vida civil, se matriculó en una escuela de música. Aprendió a tocar varios instrumentos —hay un viejo piano en su casa— hasta que se decidió por el bajo.

Es un muchacho alto y algo tímido, de visible buena entraña, del que emana algo limpio y generoso. Vive con una muchacha delgadita, de linda sonrisa, también música, de origen australiano: Sagit Shir. Nos cuenta que en la noche del 30 de abril de 2003 estaba en un sitio muy conocido de todos los noctámbulos y aficionados al jazz en Tel Aviv, el pub Mike's Place, en el Paseo Marítimo, donde él y su amigo el baterista Shai Iphrach dirigían una *jam session* muy concurrida. Era época de atentados que habían dejado desiertos los lugares nocturnos de Israel, pero a Mike's Place seguían yendo muchos jóvenes. Era la una y media de la madrugada y Ariel recuerda que, en el atestado local, un viejo repartía marihuana a los jóvenes. No había bajistas así que él estuvo tocando casi toda la noche, con distintos grupos. A esa hora, se sintió extenuado y salió a respirar el aire del mar, a la puerta del local. «Esta *jam* es malísima, no tocaré blues nunca más», le dijo a su novia. En ese momento estalló la bomba.

El terrorista estaba afuera de Mike's Place. Un rato antes había entrado a explorar el local y se tomó una cerveza. Salió y poco después intentó ingresar de nuevo pero el agente de seguridad de la puerta no se lo permitió. Forcejearon y entonces hizo estallar el explosivo que llevaba bajo sus ropas. Hubo tres muertos y medio centenar de heridos, entre ellos Ariel y Sagit. Las heridas de ella no fueron graves pero él quedó con buena parte del cuerpo quemado y se le incrustaron muchas esquirlas y clavos. No perdió el sentido, o lo perdió sólo unos segundos. Recuerda que buscaba a Sagit, aturdido, y recuerda también el miedo pánico, total, que se apoderó de él. Una foto lo muestra bañado en sangre y con un aire ido, como si no supiera dónde estaba ni quién era ni qué había ocurrido. Sólo cuando lo llevaban al hospital el dolor se volvió insoportable. Estuvo un mes y medio en cuidados intensivos, tres semanas dormido y con respiración artificial. Cuando convalecía supo que los terroristas eran dos musulmanes británicos, de origen paquistaní, que vivían en Londres y que habían sido reclutados y entrenados por Hamás. Sólo uno llegó a hacer estallar la bomba que llevaba; al otro lo encontraron muerto, cerca del mar.

«No tuve muchas secuelas psicológicas, ningún trauma», dice, como pidiendo disculpas. «Sólo una gran tristeza, que no se me quitaba con nada. Uno de los muertos era un gran amigo, un guitarrista. Una tristeza por todo el mundo, que me vuelve a veces, como algo físico. Y ya no puedo exponerme al sol, porque mi piel ha quedado lastimada. Lo que me hizo bien fue volver a tocar el bajo, y, sobre todo, el que, apenas pude andar, fuera de nuevo a hacer música en las noches, en Mike's Place». A Ariel nunca le interesó la política. No siente odio, ni siquiera por el terrorista que casi los mata a él y a Sagit. «Éste es un mundo loco», dice. «Yo no entiendo a esa gente que considera a la tierra algo sagrado, a los que la tierra vuelve fanáticos. Yo apoyaría cualquier acuerdo que trajera la paz, incluso que devuelvan a los palestinos parte de Jerusalén. Sé que se han cometido contra ellos muchas injusticias».

No hay ni pizca de pose en sus palabras, habla con la sinceridad desarmante de un muchacho que quisiera que la vida fuera menos brutal y complicada que lo que es a veces en Israel para esos jóvenes que deben pasarse tres, y a veces cuatro de sus mejores años, haciendo una guerra que a menudo no tiene nada de heroico y que puede ser muy sucia. Él y Sagit sueñan con ir alguna vez a Cuba, a Brasil, a esos países donde la música es una pasión que embriaga a toda la sociedad.

¿Quiénes son los terroristas que, desde que comenzó la segunda Intifada, entre 2001 y 2005 han asesinado a cerca un millar de israelíes y herido y traumatizado a varios millares más en atentados suicidas como los que padecieron Pnina, Ariel y Sagit? Muchos, acaso la mayoría —pero de ningún modo todos— son fanáticos religiosos, convencidos por la prédica de imanes extremistas que esa forma de inmolación es el más alto servicio que puede prestar el creyente a Alá, a los que las organizaciones islamistas radicales, como Hamás y la Yihad Islámica, aprovechan políticamente. Aunque sin duda hay una cierta morbosa exageración en ello, muchos hacen énfasis en el incentivo sexual que tendría para el terrorista suicida la promesa coránica de que, en el paraíso, será recompensado con lagos de miel y de vino y 72 vírgenes cuyo himen se renovaría siempre así como su propia potencia sexual. En *The Jerusalem Post* del 7 de septiembre se reseña un trabajo de un estudioso alemán, Hans-Peter Raddatz, autor de *Von Allah zum Terror?*, según el cual muchos terroristas suicidas, antes de cometer los atentados en que sacrificarán su vida, «protegen su pene en una envoltura de aluminio a prueba de fuego, en anticipo de los placeres que vendrán». El comentarista destaca que la religión islámica, con sus severísimas restricciones en materia sexual, hace que esta promesa de placeres carnales resulte irresistible a veces para quienes se han sometido devotamente a sus prohibiciones.

Pero la locura y la estupidez del fanatismo religioso no explican la conducta de todos los terroristas suicidas. Esto me lo han afirmado, con ejemplos, muchos palestinos que, como los doctores Haidar Abd al Shafi o Mustafa Barghouthi, condenan con toda energía esa horrenda práctica. Para ellos, hay muchos casos en que empujan a cometer esos crímenes ciegos la desesperación, la frustración, la miseria y, sobre todo, el convencimiento de que sus vidas no saldrán jamás del pozo negro en que languidecen. El doctor Mahmud Sehwail, un psiquiatra que dirige en Ramallah un Centro para Víctimas de Torturas —hizo estudios de postgrado en Zaragoza— me asegura también que la religión sólo explica a un pequeño número de los terroristas suicidas. «En muchos casos, se trata de gente desesperada, porque han perdido a sus padres, a sus hermanos, a sus hijos, o se han quedado sin trabajo y ven morirse de hambre a su familia, sin poder hacer nada. Hamás y la Yihad Islámica se sirven del desplome moral y el resentimiento y el odio que esas situaciones extremas provocan, para fabricar al terrorista suicida».

Pocos días después de esta conversación, me entero de un caso, ocurrido en Ramallah, que corrobora esta tesis. Un joven palestino trató de hacerse explotar lanzándose contra una de las barreras militares israelíes abiertas en el muro que poco a poco va cercando a la ciudad. Pero la dinamita que llevaba en el cuerpo no explotó. No era practicante religioso. Salía de un campo de refugiados. Había planeado su acción, para que, luego de su muerte, las organizaciones islamistas ayudaran económicamente a una familia que hasta ahora dependía de él, y a la que, por la falta de trabajo, ya no estaba en condiciones de ayudar. No pretendía servir a Dios con su muerte, ni siquiera a la causa palestina. Sólo llevar un poco de pan a sus padres y hermanos.

La primera terrorista palestina fue Wafa Idris, una enfermera de 29 años, de Ramallah, que había recibido su diploma profesional apenas tres meses antes del 27 de enero de 2002, en que se hizo volar en pedazos en la calle Jaffa de Jerusalén, matando a una e hiriendo a cerca de 140 personas. Vivía en el campo de refugiados de Amari, que existe desde 1948 en los suburbios de Ramallah. Como todos los campos de refugiados que visité —en éste viven unas seis mil personas— es un dédalo de callecitas estrechas y cubiertas de basuras, donde las viviendas de barro, maderas, y algunas de material noble pero casi siempre sin terminar, se montan e incrustan una en otra, en un abigarramiento indescriptible. Y por todas partes brotan chiquillos que ensordecen la mañana con sus chillidos. La pobreza es generalizada pero en este campo hay menos desánimo y ruina moral que los que advertí en los de Gaza. Todos los vecinos a los que interrogo me aseguran que nunca hubieran imaginado que su amiga Wafa Idris pudiera hacer lo que hizo. Era una mujer muy normal, dicen, y que nunca dio muestras de una ferviente religiosidad.

También me lo dice su madre, una señora de 70 años, cuya vivienda está empastelada de diplomas, fotografías y recuerdos de su hija, así como de banderas de Al Fatah y de carteles que rinden homenaje «a la heroína y a la mártir». Ni ella ni sus tres hijos sospecharon lo que Wafa Idris se proponía hacer. No era muy religiosa y ni siquiera se vestía con el recato de las creyentes practicantes. En efecto, en muchas fotos se la ve vestida a la occidental, con los cabellos sueltos. Era una muchacha orgullosa y de mucha dignidad, y por eso no lloró ni se quejó cuando su marido la repudió por ser incapaz de darle un hijo. Pero íntimamente algo se quebró en ella y la atormentaba desde entonces. ¿Acaso fue ese drama el que la incitó a ofrecerse a Al Fatah como «mártir»?

La señora hace un pequeño gesto que puede ser una afirmación o una negación. Parece aturdida, sumida en un vértigo, y deja largos intervalos de silencio antes de responder. «Tal vez lo hizo por su hermano Jaleel, mi hijo que estuvo ocho años preso y al que los judíos torturaron en la cárcel», dice, al fin. Cuando vio en la televisión la cara de su hija y supo lo que había hecho, se desmayó. Despertó en el hospital y lloró mucho. Ahora, ha dejado de llorar. Dice que si hubiera sabido lo que su hija pretendía hacer, tal vez la hubiera atajado. Pero que no deplora que lo hiciera. «Ésta es una guerra. Ellos matan y hay que matarlos también. Las bombas ayudan al pueblo». Es una mujer casi sin ojos, dos rayitas de las que ha desaparecido toda luz. Habla como quien repite una jaculatoria. «Mi hija está ahora en el paraíso. Pronto la veré allá».

Cualquier análisis sobre el conflicto israelí-palestino en la actualidad tiene que dar una importancia neurálgica al tema de los atentados suicidas, sin los cuales sería difícil entender el entrampamiento y la hostilidad recíproca a que aquél ha llegado. Los atentados han causado inmensos sufrimientos, y, también, paranoia, miedo, rencor, deseos de venganza. Y, por último, han servido en bandeja un pretexto ideal a los extremistas de la derecha israelí para justificar unas medidas de represión y amedrentamiento contra la población palestina que en otras circunstancias difícilmente habrían merecido la aprobación de una sociedad que se jactaba de ser la única democracia de Oriente Próximo.

IV

El muro: viaje a Bilín

Fui al parque Liberty Bell Garden de Jerusalén a las once de la mañana y ya estaba allí el ómnibus que llevaría a los pacifistas israelíes a la aldea de Bilín a manifestarse, junto con los palestinos del lugar, contra el muro de Sharon, llamado por éste «la valla de protección» y por sus adversarios «el muro del *apartheid*». Otro autobús saldría con el mismo rumbo de Tel Aviv y era probable que también de otras ciudades israelíes partieran manifestantes a aquella aldea árabe de unos pocos centenares de habitantes que, desde febrero de este año, se ha convertido en el símbolo de la resistencia pacífica contra el muro. Casi todos los viernes hay en el lugar mítines de protesta de israelíes y de palestinos. Pero, como en el de la semana pasada hubo violencia —el diario *Haaretz* saca hoy, 9 de septiembre, en primera página, la foto de un joven desarmado al que un soldado patea sin misericordia— Meir Margalit piensa que acaso hoy acudan más pacifistas que otras veces.

Meir Margalit es uno de los sobrevivientes del gran naufragio que sufrió la izquierda israelí luego de la decepción que causó en el electorado el fracaso de las negociaciones de Camp David y Taba en el 2000 y las bombas de los terroristas suicidas. Era, cuando vino a Israel de la Argentina, a los 18 años, un sionista de derecha. Se enroló en el Tsahal en una tropa de choque, que, además, construía asentamientos en los territorios ocupados. Fue uno de los constructores de la colonia de Netzarim, en Gaza. Herido en la guerra del Yom Kippur de 1973, experimentó en el hospital donde convalecía una crisis profunda, de la que salió convertido en un militante pacifista y un crítico severo de los partidarios del Gran Israel. Desde entonces lucha porque su país devuelva a los palestinos los territorios ocupados. Dirige una asociación que se dedica a reconstruir las casas de los árabes que el Gobierno israelí demuele para castigar a las familias de los suicidas, para ensanchar los asentamientos o para construir el muro.

La víspera, me mostró, en la aldea de Anata, en las afueras de Jerusalén, la casa de Salim

Shawamre, demolida cinco veces y cinco veces reconstruida por él y sus amigos. «Nosotros luchamos contra la limpieza étnica», dice. Utilizan todos los resquicios que permite la ley para atajar o demorar lo más posible las confiscaciones de tierras y de viviendas a los árabes, y para hacer conocer internacionalmente los despojos y atropellos. Me explica que las demoliciones de viviendas se llevan a cabo la mayoría de las veces con el argumento de que aquéllas se han construido sin obtener todos los permisos debidos, algo que es frecuente en Jerusalén oriental y en las aldeas árabes. Muchas veces, aduciendo que son ilegales, el Gobierno se niega a indemnizar a los árabes las propiedades que confisca para construir la «valla de seguridad». Luego me hace un recorrido por algunos lugares donde la expansión de los colonos ha causado estragos: el asentamiento de Maale Hazait ha devorado el patio de un colegio donde los niños hacían deporte y el pueblo de Abudis ha sido partido en dos mitades por el muro. Me lleva luego a ver algunos agujeros en la imponente pared de hormigón por donde mujeres y viejos se arrastran como lombrices para ganar el otro lado. «¿Es ésta la seguridad que el muro va a garantizar?», se pregunta, con ironía. «¿Va el

muro a atajar los cohetes Kassam de los terroristas o más bien a incentivarlos? La verdad
es que esta política sólo quiere cortar la con-
tinuidad territorial de Palestina y conjurar el
miedo al fantasma demográfico de que algún
día haya más árabes que judíos en Israel».

Es un hombre de algo más de 50 años, que
habla con suavidad, y al que todas las mujeres y hombres de una cierta edad que llegan al
parque de Liberty Bell Garden saludan con
afecto. Me presenta a un señor que debe ras-
par los setenta, y que, precavido, trae una bo-
tella de agua mineral en las manos y una gran
visera contra el sol, con esta frase: «Éste es
el último marxista-leninista que queda en el
mundo». El veterano caballero se ríe, asin-
tiendo, y, señalándome a los pacifistas que van
subiendo al ómnibus, comenta con melanco-
lía: «Quedamos pocos, ¿no?, pero al menos
esto es mejor que nada».

No sólo viejos comunistas, socialistas y
militantes del ahora aletargado movimiento
Peace Now intentarán llegar hoy a Bilín. Hay
también jóvenes de vestimentas estrafalarias,
hippies, punks, ecologistas y algunos religiosos
ortodoxos, perdidos entre aquéllos. De algunos se diría que van a un concierto de rock. En
Israel se los unifica bajo la denominación de

«anarquistas» y muchos de ellos se definen a sí mismo como tales, para aumentar los malentendidos. Lo justo sería llamarlos a unos y otros idealistas, pues eso es lo que son, en su empeño —quijotesco teniendo en cuenta la derechización tan acusada del país— en luchar contra un muro que apoya no sólo el establecimiento político —laboristas y likudistas, religiosos y laicos por igual— sino una robusta mayoría de ciudadanos. Porque en Israel, aunque muy encogida en los últimos años, hay todavía una izquierda que mantiene vivos el idealismo, la pasión por la verdad y el sentido ético de la política que han desaparecido en casi todas las izquierdas del resto del mundo.

Contrariamente a lo que se cree, el muro no fue una idea de Sharon, sino del Partido Laborista. Aquél, y el Likud, se opusieron encarnizadamente a este proyecto: ellos creían en el Gran Israel y la construcción de una valla les parecía admitir el principio intolerable de una Palestina independiente. Me lo confirman tres personas que estuvieron cerca de Sharon cuando el asunto se discutió: los generales Uzi Dayan y Ramat Cal, así como Efraim Halevy, asesor de aquél en cuestiones de seguridad. Uno de ellos añade: «Cuando, por fin, se resignó a aceptar el muro, Sharon lo hizo con la condición de que tuviera las características que él impondría».

El muro, erigido dentro de Cisjordania, del que está ya construida la mitad, tendrá unos 650 kilómetros de largo y es un espeso bloque de cemento armado, de ocho metros de altura, en el que se elevan, cada cierta distancia, torres blindadas de vigilancia equipadas con sofisticados armamentos, y al que complementan reflectores, cámaras, vallas electrificadas, y, en algunos lugares, trincheras y una doble o triple línea de parapetos. Tanto los generales mencionados como Simon Peres, y prácticamente todos los israelíes del establecimiento con quienes conversé, me aseguraron que el muro se justifica por razones de seguridad y que lo prueba el que gracias a él los atentados suicidas hayan disminuido drásticamente. Yo, después de haber recorrido buena parte del muro y de haberlo cruzado y descruzado por lo menos una docena de veces —pesadillesca experiencia que nunca olvidaré—, creo que aquella razón no es la primordial. Y que la razón profunda del muro que construye Sharon es ganar para Israel una parte importante de los territorios ocupados, aislar a las ciudades árabes una de otra, convirtiéndolas poco menos que en guetos, y cuadrillar y fracturar de tal modo Cisjordania que el eventual Estado que se establezca allí nazca asfixiado y condenado a la total inopia administrativa y económica.

La apropiación de territorio no es, ni mucho menos, el peor de los estropicios que causa. Porque, para proteger a los asentamientos de los colonos, sigue una línea zigzagueante, va y viene, se revuelve sobre sí mismo, irrumpe brutalmente en pueblos y aldeas partiéndolas en dos o tres partes, separando a las familias, a los escolares de sus colegios, a los campesinos de sus huertos, a los enfermos de sus médicos y hospitales, a los trabajadores de sus centros de trabajo, complicando y arruinando la vida de los hombres y mujeres del común. Hay ciudades como Kalkilia, al norte de Cisjordania, a la que el Muro emparedaba separándola del mundo y de las tres aldeas que viven de ella. La Corte Suprema de Israel sentenció el 15 de septiembre, cuando yo ya había partido, que 13 kilómetros del muro fueran modificados para aliviar el estrangulamiento a que estaba sometida esa ciudad. Pero, a la vez, justifica el derecho del Ejército a construir el muro, rechazando de este modo la resolución dictada en julio del año pasado por el Tribunal Internacional de Justicia de La Haya, que lo declaró ilegal y ordenó su derribo y la indemnización a los miles de palestinos afectados. El Gobierno de Sharon ya había hecho saber que no prestaría la más mínima consideración a ese fallo.

La suerte de Kalkilia es la de Belén y de innumerables poblaciones palestinas más pequeñas a las que el muro condena prácticamente a una muerte lenta. Hay que haberlo visto de cerca para medir en toda su inhumanidad lo que significa para los niños hacer las larguísimas colas que les permitan llegar a sus escuelas y la desesperación de las mujeres que, bajo un sol de plomo, cargadas de las compras del día, aguardan a veces tres o cuatro horas para cruzar las barreras que, súbitamente, sin la menor explicación, se cierran de pronto hasta el día siguiente dejándolas separadas de sus hogares o de sus centros de trabajo. Como, además, existe una cuarentena para los palestinos que, al menor desplazamiento, necesitan un permiso especial, lo que prácticamente les cierra la posibilidad de trabajar en territorio israelí, el muro, al dificultar hasta lo indescriptible los intercambios comerciales o la busca de empleo en localidades que no sean las de la propia residencia, agrava los índices de desocupación y la caída de los niveles de vida de los palestinos, ya muy bajos. Se calcula en más de cien mil el número de palestinos a los que el muro dejará incomunicados. Es difícil describir la humillación, las vejaciones, la frustración, la amargura de esa población a la que se castiga de ese modo ciego e indiscriminado por las acciones terroristas de unas pequeñas minorías de criminales fanáticos. En verdad, es difícil concebir que la mejor manera de combatir el terrorismo sea hundiendo a todo un pueblo en la miseria, el desempleo, y un sistema de vida claustral y abusivo que se parece mucho al de los campos de concentración. Es inevitable pensar que, detrás de todo ese minucioso sistema de control y desquiciamiento de la vida de una sociedad entera, haya en verdad la intención de desmoralizarla, de derrotarla psicológicamente, una manera de empujarla a la desesperación de actos de rebeldía insensatos, que deslegitimen su causa, y permitan al Estado poderoso y prácticamente invulnerable que es hoy día Israel, obligarla a aceptar las condiciones de paz que se le inflijan o, simplemente, seguirla castigando hasta reducirla a la anomia o el perecimiento.

Es para protestar contra este estado de cosas que los pacifistas de la vieja y de la nueva generación han subido al ómnibus que debe llevarlos a Bilín. Yo los sigo, con Meir Margalit, mi hija Morgana y Ricardo Mir de Francia, un joven periodista español, en un auto alquilado. Ha habido rumores inquietantes de último momento según los cuales, para evitar la manifestación de este viernes, el Gobierno ha declarado el estado de sitio en aquel lugar. Se ha trazado un itinerario que evita la línea recta, con la ingenua ilusión de esquivar las barreras militares. Es inútil, porque, antes de llegar al asentamiento de Upper Modiin, nos cierra el paso una patrulla y nos obliga a dar un nuevo rodeo. Yendo y viniendo de un lado al otro, por un terreno requemado por el sol y abultado de colinas rocallosas, se nos pasa buena parte de la mañana. Bilín parece un espejismo que se desvanece cada vez que nos acercamos a él.

La primera manifestación en Bilín se produjo el 20 de febrero de este año, cuando los tractores del Ejército de Israel arrasaron los primeros almendros y olivos de las afueras de ese pueblo de unos mil setecientos habitantes para iniciar la construcción de un muro que dejaría divorciados para siempre a los campesinos de sus huertos de cultivo y de los terrenos donde pastan sus animales. Al mismo tiempo, se supo que dos nuevos asentamien-

tos de colonos se levantarían en las inmedia-
ciones. Fue la gota que colmó el vaso. Desde
ese día, todos los viernes, a veces algunas decenas, y a veces unos cuantos cientos, de palestinos e israelíes, y también de voluntarios
extranjeros, luego de que terminan las oraciones en la mezquita, salen a desfilar por la trayectoria que va a seguir el muro, y cantan canciones de protesta, corean estribillos, lanzan
piedras, y, a veces, improvisan espectáculos en
que participan los niños del lugar. No parecen cosas que puedan poner en peligro al Estado israelí. ¿Por qué, entonces, éste ha reac-
cionado cada vez con más intemperancia hasta
llegar a las agresiones físicas y los lanzamientos
de granadas lacrimógenas y atronadoras y disparos con balas de goma de la semana pasada? Porque, con buen olfato, ha adivinado que
estos pequeños grupos podrían ir creciendo,
acaso resucitando al movimiento pacifista israelí y fomentando una solidaridad internacional
que perturbe los beneficios que espera sacar
de aquel monstruo serpenteante de hormigón.

Esta semana, el Ejército israelí ha decidido impedir la menor demostración. Amigos
que ya se encontraban en Bilín desde el ama-
necer o la noche anterior hacen saber a Meir
Margalit por teléfono que los soldados han lan-

zado granadas lacrimógenas al interior de la
mezquita y que hay varios heridos. Están reclamando una ambulancia. Hemos llegado a
una colina vecina a aquella en cuya ladera se
desparraman las casitas de Bilín y hasta aquí
llega el eco de los disparos. Unos policías de
civil, irritados, nos advierten que ha sido declarado el estado de sitio para Bilín y que de
ninguna manera podremos acercarnos a la aldea. Pero la gente del ómnibus ha abandonado
el vehículo y se ha lanzado a campo traviesa, para tratar de llegar a pie a Bilín, bajando y tre-
pando los cerros. Es un espectáculo bastante
conmovedor ver a las viejas y viejos pacifistas,
ayudándose con bastones y pañuelos amarra-
dos a la cabeza, avanzando con dificultad, pero
con convicción, entre las breñas. Los detiene
una barrera militar que les lanza granadas lacrimógenas y captura a unos cuantos. Pero por
lo menos un centenar de chiquillas y chiquillos se les escurren y los vemos saltando como
cabras, ya a la altura de las primeras viviendas de Bilín.

Morgana y Ricardo van tras ellos. Meir y
yo nos quedamos observando, desde un alto-
zano, pero poco después éste me convence que
es una descortesía quedarse tan lejos de la can-
dela. Bajamos hasta donde se producen algu-

nos forcejeos entre manifestantes y soldados, pero éstos, que deben tener instrucciones al respecto, dejan en paz a periodistas y fotógrafos, y sólo detienen a los pacifistas, metiéndolos en unas camionetas. ¿Qué les ocurrirá ahora? Nos lo explica Claudia Levin, una israelí de origen argentino, que, aprovechando un momento de desorden, se escabulle de los soldados que la han arrestado y nos pide que la saquemos de allí. Es cineasta y está haciendo un documental sobre Bilín. La han detenido ya otras veces. El Ejército ficha a los detenidos, les impone una multa, y los despacha generalmente el mismo día, a menos que los acuse de agredir a los soldados, en cuyo caso les abre un proceso. Nos cuenta que éste es ahora uno de los poquísimos casos en que israelíes y palestinos colaboran en una acción conjunta y que probablemente a ello se deba que el Gobierno aplique aquí la mano dura. «A nosotros no nos tratan con el cariño con que trataban a los colonos que sacaron de los asentamientos de Gaza», bromea. Es una mujer joven y conversadora. Nos cuenta que ha pasado muchas noches en Bilín y que ha filmado escenas en que se ve a los niños del pueblo improvisando situaciones teatrales para representarlas en las manifestaciones de los viernes. «Para ellos esto es también una diversión», añade, «aunque a veces los gases los dejen sin respiración y las balas de goma los tumben y hasta los desmayen».

V

El horror se llama Hebrón

Hebrón, ciudad palestina de unos ciento treinta mil habitantes árabes y quinientos colonos
judíos, está sólo a 36 kilómetros de Jerusalén,
pero llegar a ella es una aventura de contornos
kafkianos, que puede durar muchas horas. El
mapa indica que hay varias entradas posibles a
Hebrón, pero, en la realidad, muchas de esas
entradas están clausuradas con grandes piedras o altos de basura o con barreras militares,
en las que, como en el juego infantil de «el paraíso» («¿Es aquí el paraíso?» «No, en la otra
esquina») los soldados de guardia, muy ama-
bles, despachan al automovilista a otro *check-
point* diez o veinte kilómetros más allá que, por
supuesto, resulta también cerrado. Después de
un par de horas de este juego deprimente op-
tamos por intentar algo que parecía improbable: llegar a la ciudad cruzando por el asenta-

miento de Kiryat Arba. Lo conseguimos gracias a la aptitud persuasiva del novio de mi hija Morgana, que nos acompañaba y que es judío y habla hebreo.

El asentamiento de Kiryat Arba, con sus elegantes edificios y avenidas arboladas, almacenes, farmacias, jardines y casitas primorosas, todo de una limpieza inmaculada, da la impresión de ser uno de esos suburbios estadounidenses para gente muy próspera y no un lugar que está en el corazón del más tenso y conflictivo rincón de Oriente Próximo. Hebrón, en cambio, es la imagen de la desolación y el dolor. Hablo del llamado sector H-2, la parte más antigua de esta antiquísima ciudad —una quinta parte del total—, que está aún bajo control militar de Israel y donde se hallan incrustados los cuatro asentamientos donde viven unos quinientos colonos. En esta zona se halla uno de los lugares más santos para el judaísmo y el islam, la llamada Tumba de los Patriarcas, donde, en febrero de 1994, el colono Baruch Goldstein ametralló a los musulmanes que allí oraban, matando a 29 e hiriendo a varias docenas más.

Es para proteger a estos colonos que toda la zona está erizada de barreras, campamentos y puestos militares y recorrida por patrullas israelíes. Pero, tal como van las cosas, esa movilización será dentro de poco bastante innecesaria porque ese sector de Hebrón, donde se lleva a cabo una sistemática limpieza étnica o religiosa, quedará sin vecinos árabes. Su mercado es varias veces centenario y, al parecer, cuando las tiendas estaban abiertas y acudían compradores era tan multicolor, variado y atestado como el de Jerusalén. Ahora está vacío y con las puertas de todos los comercios selladas. Recorriéndolo, uno se siente en el limbo. Y también cuando camina por las desiertas calles de los contornos, con todas las fachadas clausuradas con placas metálicas y en cuyos techos se divisan de tanto en tanto puestos militares. Las paredes de todo este barrio semivacío están llenas de inscripciones racistas «Muerte a los árabes» y también de insultos y amenazas a Sharon, por la desactivación de Gaza. Frente al cementerio hay una inscripción homicida: «Sharon: Rabin te espera aquí».

El periodista Gideon Levy, del diario *Haaretz* —un magnífico periodista y un excelente diario, por lo demás— a quien conocí mientras recorría Hebrón, señala en un artículo del 11 de septiembre que en los últimos cinco años unos veinticinco mil residentes han sido erradicados de sus hogares en la zona H-2 de la ciudad. Y sólo en el barrio de Tel Rumeida, donde está el asentamiento de este nombre, de las 500 familias árabes que allí residían quedan apenas 50. Lo extraordinario es que éstas no se hayan marchado todavía, sometidas como están a un acoso sistemático y feroz de parte de los colonos, que las apedrean, arrojan basuras y excrementos a sus casas, montan expediciones para invadir sus viviendas y destrozarlas, y atacan a sus niños cuando regresan de la escuela, ante la absoluta indiferencia de los soldados israelíes que presencian estas atrocidades. Nadie me lo ha contado: yo lo he visto con mis propios ojos y lo he oído con mis propios oídos de boca de las mismas víctimas. Y tengo en mi poder un vídeo donde se ve la espeluznante escena de niños y niñas del asentamiento de Tel Rumeida apedreando y pateando a los escolares árabes y sus maestras de la escuela «Córdoba» (Qurtaba), del barrio, quienes, para protegerse unos a otros, regresan a sus hogares en grupo en vez de hacerlo de manera individual. Cuando comenté esto con amigos israelíes, algunos me miraron con incredulidad y vi en sus ojos la sospecha de que yo exageraba o mentía, como suelen hacer los novelistas. Ocurre que ninguno de ellos pisa jamás Hebrón ni tampoco lee a Gideon Levy, a quien consideran el típico judío «judeófobo y antisemita».

Para llegar a la casa de Hashem al-Gaza, o a la de cualquiera de sus vecinos árabes, no es posible hacerlo por la puerta principal, pues está bloqueada con altos de inmundicias y piedras que arrojan contra ella los colonos, instalados en un asentamiento que sobrevuela todo el barrio. Hay que hacerlo por la parte de atrás, escalando la empinada colina poco menos que a gatas, como una cabra, y deslizándose muy de prisa por la pequeña huerta y el jardín, también cubiertos de desperdicios y excrementos, igual que los techos. Pero, a pesar de ello, y de tener tapiadas las ventanas por temor a los proyectiles de los irascibles vecinos, el interior de la casa de Hashem al-Gaza es cálido y confortable.

Es un hombre de 43 años, alto y escuálido, que nos ofrece té y nos presenta a sus dos hijos, de 7 y 2 años. La niña, Raghad, va a la escuela, y ella y sus primos Jannat, Yundus, Yousef y Ahmad, también del barrio, han sido agredidos muchas veces al venir de la escuela por los niños del asentamiento Ramat Ishay. Están bien entrenados y saben que deben venir siempre juntos, a la carrera, procurando utilizar los ángulos muertos de la calle. También saben que no deben salir jamás al jardín ni al huerto y vivir siempre amurallados dentro de la casa. Pero ni siquiera allí es seguro que estén a salvo. Pues, en enero de 2003, un sábado en la tarde, súbitamente diez colonos y tres policías israelíes irrumpieron en la casa. Encerraron a Hashem, su mujer y los niños en el interior, y, con una sierra mecánica, cortaron todas las viñas del huerto, que habían sembrado los ancestros del dueño de casa. Salimos para que me las muestre: ahí están, mutiladas y rodeadas de mierda y de detritus. «Pero, a pesar de todo, ni yo ni mi familia saldremos de aquí», afirma, con fuerza. «Si quieren, que nos maten».

Cuando digo que me parece increíble que los soldados, que tienen un puesto a pocos metros de allí, permitan a los colonos someter a los árabes del barrio a esa cacería implacable, Yehuda Shaul me explica que las instrucciones que reciben del Ejército son muy precisas: tratar de persuadirlos de que no actúen contra la ley, pero que está prohibido arrestarlos. Él debe saberlo: estuvo cuatro años en el Ejército y llegó a tener un puesto de comando. Es un muchacho grueso y apasionado, de apenas 22 años, pero parece mucho mayor, por la intensidad con la que vive y habla. Es uno de los justos que tiene este país.

Yehuda nació en una familia muy religiosa y él lo fue también. En cierta forma lo debe seguir siendo, pues lleva en la cabeza la kipá, aunque ahora, por lo que trata de hacer, su familia ha roto con él. Era un patriota y entró al Tsahal, a hacer su servicio militar, lleno de orgullo y de entusiasmo. Debió de hacerlo muy bien, porque, cumplidos los tres años obligatorios, le propusieron que se quedara en filas y siguiera unos cursos de comando. Al volver a la vida civil, optó por lo que hacen muchos jóvenes israelíes: el viaje a la India. Un viaje lustral, para descansar, meditar, y limpiarse la cabeza. Para él, ese viaje significó también cambiar de piel y de ideas, y volver a Israel poseído de un designio temerario: romper el silencio sobre la verdadera función del Ejército en Gaza y en los territorios ocupados. «En la India, el recuerdo del terror que vi en los ojos de los niños palestinos, el de las mujeres de las casas que invadíamos, de los hombres que golpeábamos o matábamos no me dejaba dormir. Si no hubiera hecho algo, no hubiera podido seguir viviendo».

Con un grupo de 64 ex soldados como él (seis de los cuales aceptaron dar testimonio mostrando sus caras) Yehuda Shaul fundó la organización *Breaking the Silence* (Romper el

Silencio) que ahora, me dice, tiene cerca de 300 adherentes, todos hombres y mujeres que han pasado por el Ejército, decididos a denunciar los excesos y violencias cometidas por el Tsahal en los territorios ocupados. Publican un boletín, reúnen material informativo, recogen testimonios, y el año pasado hicieron una exposición fotográfica en Tel Aviv que visitaron varios millares de personas. Estamos conversando en una placita de Hebrón sombreada por sauces y una señora que está en la banca del lado de pronto reconoce a Yehuda y lo insulta, indignada. Él no se inmuta y con objetividad traduce: «Me ha llamado el desintegrador de Israel».

«No soy un pacifista», me dice, «tampoco un político. No estoy afiliado a partido alguno y nunca lo estaré. Lo que hacen los colonos, aquí y en otras partes de los territorios, es una distorsión total de mi religión. Sólo queremos abrir los ojos del gran público. La inmensa mayoría de los israelíes no sospecha siquiera los horrores que perpetra el Ejército con los palestinos. Las torturas, los asesinatos, los abusos que se cometen a diario. Los asentamientos de colonos son la fuente de todos los problemas».

Cuando le oí decir lo mismo hace unos días a la escritora y periodista Amira Hass en

la bella terraza del Hotel Aldeira, de Gaza,
—el único lugar que admite ese adjetivo en
esa desventurada y feísima ciudad—, que los
asentamientos son el meollo del problema palestino-israelí y el obstáculo más grave para
poder resolverlo, dudé. Pero ahora, diez días
después, luego de haber visto y oído tantas cosas, creo que ambos tienen razón. Los asentamientos no son pasajeras operaciones que
puedan ser desmontadas fácilmente, como se
podría creer luego de lo ocurrido en Gaza.
Allí, las 21 colonias y sus 8.500 ocupantes han
podido ser desalojados, luego de una espectá-
cular movilización de todo el Ejército de Israel. Pero en Cisjordania hay casi doscientos
mil colonos y centenares de asentamientos, algunos de los cuales se han convertido, como
Kiryat Arba, en verdaderas ciudades equipadas con todos los servicios y adelantos más
modernos, de altísimos niveles de vida y armadas hasta los dientes, cuyos pobladores son,
en su gran mayoría, militantes religiosos y
nacionalistas, convencidos de que están allí
cumpliendo un mandato divino y dispuestos
a cualquier extremo para impedir que los des-
pojen de una tierra que, según ellos, Dios en-
tregó a Israel. Si se suma estos colonos a los
que ocupan los asentamientos construidos en

Jerusalén Este y alrededores, el número sobrepasa los cuatrocientos mil.

Todos los Gobiernos israelíes, de derecha o de izquierda, han fomentado, aprobado o se han resignado a la proliferación de estos asentamientos en las tierras ocupadas desde que, en 1967, Israel las invadió. Curiosamente, a veces han sido los Gobiernos que parecían más dispuestos a llegar a un acuerdo con los palestinos, los que más hablaban de la paz, como los de Rabin y de Ehud Barak, los que fueron más tolerantes con la apertura de colonias. Durante el Gobierno de Barak, por ejemplo, el número de asentamientos se duplicó en Cisjordania. Lo cual quiere decir, seguramente, que tanto laboristas como conservadores fueron siempre incapaces de aceptar de verdad, con todo lo que ello implicaba, que a cambio de la paz Israel debería abandonar todos los territorios marcados por las fronteras de 1967.

Muy pocos vieron esto cuando se firmaron los acuerdos de Oslo de 1993. En ellos, no se hacía siquiera mención del asunto espinoso de los asentamientos. «Y por eso», dice Amira Hass, «estaban condenados a fracasar». Ella fue una de las pocas personas de la izquierda israelí que no sólo no se entusiasmó con aquel acuerdo que todos los pacifistas y progresistas de Israel celebraron como una gran victoria. Y, por eso, a Amira Hass no le sorprendió nada que pocos años después de firmados todo fuera para peor.

Se trata de una extraordinaria mujer, a la que quise conocer desde que leí el primer artículo suyo, en *Haaretz*. Hija de dos sobrevivientes del Holocausto y militantes comunistas, estudió en la Universidad Hebrea de Jerusalén y pasó dos meses en la Rumanía de Ceaucescu, lo que, dice, la vacunó para siempre del comunismo. Trabaja desde hace años en *Haaretz*. En 1993 se fue a vivir en los territorios ocupados, primero Gaza y luego Ramallah, donde todavía reside, porque «quería saber cómo era sentirse aplastada por un Ejército colonizador, obligada a pedir permisos para trabajar, para viajar, para moverme dentro de la misma ciudad». Ha aprendido el árabe que, advierto, habla con total desenvoltura. Sus artículos son siempre minuciosamente documentados y, todos ellos, animados de un poderoso aliento moral, de una voluntad de justicia que estremece al lector. Recomiendo a toda persona que quiera saber qué significa vivir bajo una dominación colonial leer su libro *Drinking the Sea at Gaza* (Bebiendo el mar en Gaza), uno de los más tristes y vibrantes que haya leído en mucho tiempo. Es otro de los justos de Israel.

Por culpa de los asentamientos, dice, se ha ido construyendo el sistema de dominación de la población palestina en Israel. Es un sistema opresivo, por una parte, y, por otra, profundamente corruptor. Pues, al establecer categorías distintas entre la población ocupada, algunos obtienen más permisos, otros menos, y los demás ninguno. Esto les impide actuar de una manera coordinada y enfrenta a unos contra otros, en busca de los pequeños privilegios que concede el ocupante. Amira Hass es muy pesimista con lo que pueda ocurrir después de la desocupación de Gaza. No cree que este proceso tenga continuación. «Palestina está de tal modo quebrada y cuarteada por los asentamientos que nunca será viable como una entidad soberana». Y, respecto a la Franja, sostiene que mientras Israel mantenga el control de las fronteras —aire, mar y tierra—, cerrando a los habitantes de Gaza la posibilidad de exportar y de comerciar con el West Bank, seguirán en la pobreza y la desocupación. Habla con seguridad y sin la menor truculencia. Pero cuando cuenta la sofocación y la claustrofobia que agobia a los vecinos de Gaza, y la desesperación que padecen los refugiados, le brillan los ojos de indignación.

Me presenta a varios palestinos, que deben de ser viejos conocidos suyos, pues le hacen bromas. Y le repiten que es una imprudente al seguir movilizándose sola por las calles de Gaza, de noche, ahora que se han puesto de moda los secuestros. Pero tengo la impresión de que a esta israelí que hace ya más de diez años ha elegido vivir bajo las bombas y los estados de sitio y los ataques terroristas, un secuestrador más o menos no debe de quitarle el sueño.

Gracias a ella paso una de las veladas más simpáticas de toda mi estancia en la región. Me lleva a cenar donde una pareja de amigos que la alojan, en un barrio algo excéntrico de la ciudad de Gaza. Él es ingeniero y su esposa dirige una ONG que trabaja organizando a las mujeres y animándolas a defender sus derechos. Son jóvenes, modernos, guapos y, en el mundo de sufrimiento y violencia que los rodea, serenos y sensatos. Se conocieron cuando eran estudiantes becados en Praga y desde entonces, a la vez que se ganan la vida ejerciendo profesiones liberales, militan, defendiendo una opción reformista. En las últimas elecciones palestinas apoyaron la candidatura de Mustafa Barghouthi. «De jóvenes éramos comunistas, pero como el comunismo ya se murió, ahora somos lo que queda: moderados, centristas, reformistas, eso». Hacen bromas y no sólo ponen una buena cara a lo que pueda venir sino que su optimismo es tan genuino que me contagia: «Sí, sí, hay esperanza, algo bueno ha pasado con la salida de los colonos de Gaza y no es imposible que siga pasando».

VI

Los creyentes

Los creyentes absolutos siempre me han puesto nervioso, sin dejar de despertarme cierta envidia. Por eso no me siento muy cómodo en la casita de Ezequiel y Odeya y sus tres lindos niños que revolotean en torno, pese a que los dueños de casa no pueden ser más hospitalarios: han preparado refrescos y galletitas y se prestan de buena gana a contestar mis preguntas, incluso las más impertinentes.

Estamos en una de las pulcras viviendas del asentamiento israelí de Mizpeh Jerico, en el West Bank, que consta de 300 familias (unas 1.500 personas), militantes del movimiento colono y religiosos a ultranza. No deben ser confundidos con los *haredim*, los inusitados pobladores de Mea Shearim, en Jerusalén, o del barrio de B'nei B'rak, en Tel Aviv, que visten con los gorros de piel y los abrigos que llevaban sus ancestros en los guetos polacos y rusos, que hablan en yiddish y, muchos de ellos, desconocen al Estado israelí porque, a su juicio, su existencia demora la llegada del Mesías. Los *haredim* constituyen una reducida minoría y, en cambio, el movimiento colono de Gush Emunim (El Bloque de los Fieles) y afines, que cuenta con decenas, acaso cientos de miles, defiende el nacionalismo, el mesianismo y la ortodoxia en sus expresiones más extremas. Cuando Amos Oz los llama «peligrosísimos» para el futuro democrático de Israel dice una verdad como una casa.

Y, sin embargo, al joven, afable y delicado Ezequiel Lifschitz, de 27 años, hijo de padre israelí y de madre norteamericana, mientras no hable de política ni de religión, nadie lo tomaría por un fanático. Es risueño, simpático, y atiende a sus hijos y les tolera las travesuras con infinita paciencia («Tenemos ya tres y tendremos todos los que nos mande el Señor»). Constantemente vienen a sus labios las palabras «bondad» y «amor». Pero en sus ojos claros, casi líquidos, hay esa mirada de los que se saben poseedores de la verdad y nunca dudan. Es ingeniero informático y, como muchos colonos de Mizpeh Jerico, trabaja en Jerusalén, a media hora de allí.

«Los creyentes miramos las cosas de manera diferente», me dice. «Dios ha fijado a cada nación una meta. La Torah dijo que los judíos volveríamos a Israel y aquí estamos. La meta para los judíos es reconstruir el país que perdimos. De ese modo Israel contribuirá a que haya un mundo mejor que el actual. Esta tierra nos la dio Dios e Israel no podría cumplir su misión si no la reocupáramos toda, sin el menor recorte, incluyendo a Judea, Samaria y Gaza. Puede que no ocurra de inmediato, pero tarde o temprano ocurrirá. Tenemos todo el tiempo por delante. Rezo mucho para que se cumpla la profecía cuanto antes».

Ezequiel y Odeya acaban de regresar de Gaza, donde, como varios miles de colonos, fueron a solidarizarse con sus compañeros de los 21 asentamientos que Sharon ordenó evacuar. Los padres de Odeya, una muchacha delgada y tímida que parece como sumergida en esos vestidos bolsudos que ocultan las formas de las mujeres ortodoxas, estuvieron veinticuatro años en Gush Katif, un asentamiento que construyeron con sus manos desde que era sólo un desierto pedregoso y ardiente, lleno de serpientes y alimañas. Ha sido para ellos, dice Odeya, un doloroso desgarramiento. Y no es la primera vez que les sucede. Hace 24 años, el propio Sharon, entonces ministro de Defensa del Gobierno de Menachem Begin, los sacó del asentamiento de Yammit, en el Sinaí, porque estaba en los territorios que Israel devolvió a Egipto. Mi hija Morgana y su novio estuvieron en Gaza con los padres de Odeya, cuando éstos, entre llantos y plegarias, esperaban todavía que Dios compareciera para poner fin a esa injusticia nunca vista: «Los judíos quitándoles la tierra a los judíos». Pero Dios no compareció y abandonaron el lugar sin ofrecer resistencia a los soldados. Ahora están en un hotel, inciertos ante su futuro. Odeya y sus once hermanos sólo han conocido, desde su nacimiento, la vida en los asentamientos.

«Para nosotros, que somos buenos creyentes, que amamos a nuestra Nación y a nuestro Ejército, lo ocurrido en Gaza nos hace mucho daño», añade Ezequiel. «Yo, antes, cuando veía un soldado israelí tenía deseos de besarle el uniforme. Ahora, ya no. Pero las cosas cambiarán. Nuestra obligación es hacer comprender a esos hermanos que están equivocados. En Gush Katif, en Gaza, la comunidad donde estaban los padres de Odeya era admirable. Se rendía culto a Dios todo el tiempo. Nunca se cerró una puerta de casa ni un automóvil. No había robos ni delitos, todo era religión, cultura y felicidad para los niños. Esa agricultura modernísima la crearon los colonos. Los árabes trabajaban felices para ellos. Antes, se morían de hambre. Y, por eso, nos agradecían haber ido allí. Sacar a los judíos de Gaza no va a resolver ningún problema, más bien los multiplicará».

Curiosamente, Ezequiel y los demás colonos rara vez utilizan como argumento para defender la legitimidad que dicen tener sobre las tierras que ocupan el que, en la mayoría de los casos, ellos las hayan trabajado con diligencia y heroísmo, en condiciones muy difíciles, llevando agua a desiertos estériles e introduciendo técnicas gracias a las cuales aquellos páramos donde se establecieron las colonias se han convertido en comunidades modernas y prósperas. No. El argumento que viene naturalmente a sus bocas es el divino: esta tierra es nuestra porque Dios nos la dio. Una razón sólo válida para creyentes.

«No queremos matar a nadie», afirma Ezequiel. «Yo, personalmente, a los árabes les daría dinero y les diría: "Hasta luego". Ellos nos están enseñando que hay que saber morir por la tierra que uno considera sagrada. La idea de que haya dos estados aquí en Israel va contra la Torah y es tan sacrílega como encender fuego en *shabbat*. Nuestra política debe ser inflexible: los árabes que acepten que ésta es tierra judía, que nunca será suya, pueden quedarse a trabajar aquí, para nosotros. Los que no lo acepten, deben irse. Y los que se rebelen y quieran pelear, deben saber que los mataremos. Sólo si Israel cumple lo que dice la Torah será una nación útil al resto del mundo».

Ezequiel y sus tres hijos andan descalzos por la casa. Para los religiosos ultraortodoxos no sólo mostrar los cabellos y las formas del cuerpo es obsceno en una mujer; también lucir los tobillos y el empeine, y, por eso, las señoras suelen llevar los pies embutidos en dos pares de gruesas medias. Que Odeya, la frágil dueña de casa, calce sandalias es un síntoma de liberalidad.

Lo que es seguro es que a la esposa de Nafiz Azzam, a diferencia de la de Ezequiel, nunca la conoceré. Porque para los islamistas mesiánicos la mujer es un objeto que no debe ser expuesto a la contemplación pública. Los dos hombres no pueden ser más distintos ni ser más irreconciliables enemigos; y, sin embargo, entre el joven colono israelí y el extremista musulmán, dirigente de la Yihad Islámica, que me recibe en un tenebroso edificio de la ciudad de Gaza, en un cuarto lleno de carteles negros proclamando «Alá es el más grande» y citando versos coránicos, hay un denominador común: ambos son creyentes absolutos e intransigentes, de mirada fría, y tienen, para todos los problemas, respuestas simples y categóricas.

La Yihad Islámica alcanza apenas entre un 6 o 7 por ciento de seguidores en Palestina, muy por debajo del otro movimiento islamista y terrorista, Hamás, a quien se le calcula entre 28 y 30 por ciento, pero es todavía más radical que éste y menos dispuesto a hacer la menor concesión al realismo político. Nafiz Azzam, de sólo 47 años, parece bastante mayor. Viste con modestia y tiene una expresión dura que se suaviza cada vez que su hijito menor, que lo acompaña durante toda nuestra conversación, se le sube en las rodillas y juega con su barba y sus cabellos. Entonces, esa terrible mirada suya se dulcifica.

Nació en Rafah, en 1958, y estudió medicina en Egipto, con el fundador del movimiento, Fathi al-Shukaki. En 1981 fue capturado y deportado a Gaza. Luego, pasó ocho años en una cárcel israelí, donde le destrozaron una mano. Pero no le quebraron el espíritu, pues organizó huelgas y movilizó a sus compañeros. En 1994 se casó y es padre de seis hijos, cinco varones y una niña. «No tenemos nada contra los judíos», me asegura. «En el Corán Dios anima a los musulmanes a ser generosos con quienes no son creyentes. Pero ¿qué vinieron a hacer los judíos aquí, en nuestra tierra? Los israelíes han importado un millón de rusos y les han dado nuestras casas y nuestras aldeas. Todo el mundo sabe que ni la mitad de ellos son judíos. Y nosotros, los palestinos, encerrados dentro de alambradas y teniendo que pedirles permiso para salir aunque sea unas horas de estas prisiones. ¿Qué pueblo toleraría eso?».

Habla muy rápido, mirando el vacío, como quien recita, y mi traductor tiene dificultad para seguirlo. «El retiro de los ocupantes de Gaza es bueno», añade, «pero sólo un punto de partida. No han salido por propia voluntad, sino obligados por la lucha y el sacrificio de los palestinos. Por el momento, el problema número uno que tenemos no es ése, sino que haya paz y colaboración entre nosotros, los palestinos. Las disputas internas son un regalo al enemigo. Sólo unidos derrotaremos a Israel». Cuando le digo que la imagen de la Yihad Islámica en el mundo es muy negativa por los atentados terroristas de los suicidas que su movimiento practica, se impacienta: «Las acciones de nuestros mártires son una respuesta a las matanzas que Israel comete contra nuestros niños, ancianos y mujeres. Nosotros les hemos propuesto cesar nuestras acciones, si ellos hacen lo mismo. Pero, ni siquiera han respondido».

Cuando le digo que he hablado, tanto en Gaza, como en Ramallah y Hebrón con palestinos según los cuales la solución del problema palestino-israelí sería un Estado laico, binacional, donde judíos y musulmanes coexistieran y se mezclaran, me mira, compasivo, como se mira a los débiles mentales. «Ése es un sueño imposible», comenta, con una risita sarcástica. «Palestina será una república islámica, donde los creyentes de otras religiones, cristianos y judíos, serán tolerados, a condición de que acepten vivir bajo los preceptos del Corán». Y se apresura a precisar que esta República tendrá excelentes relaciones con Europa, que comprende a los palestinos, a diferencia de Estados Unidos, que ha prestado siempre un apoyo incondicional a Israel. Pese a ello, la Yihad Islámica, «ha condenado los atentados de Al Qaeda en Nueva York y Washington, así como los de Madrid y Londres».

¿Desarmará la Yihad Islámica a sus combatientes, obedeciendo el llamado que ha hecho el presidente de la Autoridad Palestina, Mahmud Abbas, con motivo de la evacuación de Gaza? «Nosotros no nos desarmaremos nunca». Pese al secreto espanto que me produce el personaje, no puedo dejar de sentir cierta lástima cuando me despido de él, pues tengo la certeza absoluta de que más pronto que tarde será una de las víctimas de los asesinatos selectivos con que Sharon se ha propuesto rendir a los extremistas islamistas.

Que estos últimos no tienen la menor intención de renunciar a las armas lo compruebo de manera muy vívida pocos días después, cuando me toca asistir, en un descampado en las orillas de la ciudad de Gaza, a una demostración de destreza militar de los Comités de la Resistencia Popular, una organización de combatientes que reúne a militantes de la Yihad Islámica, de Hamás y de Al Fatah para acciones concretas contra Israel. Todo el espectáculo consiste en una exaltada apoteosis de la guerra y el terror, y, también, de irresponsabilidad total por parte de los organizadores. Mientras los combatientes, estimulados por canciones guerreras derramadas por ensordecedores parlantes sobre la multitud y alabanzas

frenéticas a Alá y citas coránicas, descargan
sus fusiles, pistolas, lanzagranadas y misiles
sobre blancos de cartón que llevan pintadas
banderas israelíes, centenares de chiquillos,
algunos que apenas han aprendido a tenerse
de pie, corretean felices entre los disparos. Un
solo individuo, armado de un látigo, trata de
apartarlos, lo que, por cierto, encanta a las
criaturas y añade excitación a su riesgosa aventura. No me explico cómo no resultan muchos
de ellos heridos o muertos en ese exhibicionismo grotesco e insensato. Y, por eso, no me
extraña nada leer en la prensa, unos días después de haber salido de Israel, que, en una ce-
remonia parecida a la que yo vi, organizada
por Hamás en las calles del campo de refugiados de Yabalia, haya estallado un camión
con explosivos matando a todos los militantes
que lo ocupaban y a buen número de niños que
correteaban a su alrededor. Como si no fuera bastante con los bombardeos que Israel
descarga a veces sobre las ciudades palestinas para penalizar a la población civil por las
acciones terroristas de los fanáticos islamistas,
éstos, a su vez, añaden su granito de arena al
salvajismo de que son víctimas los hombres y
mujeres más humildes, trufando los barrios de
escondites repletos de armas y explosivos y con

demostraciones bélicas en las que, al menor descuido, pueden sobrevenir tragedias como la de Yabalia.

En el espectáculo al que asistí, los combatientes de los Comités de la Resistencia Popular hacían volar un tanque (de cartón piedra) con obuses, dinamitaban una casa, secuestraban a un individuo al que arrebataban de su automóvil después de ejecutar a su chofer y sus guardaespaldas, tomaban una colina con una ofensiva de granadas, y, número cumbre, unos hombres alados se descolgaban del techo de un edificio de varias plantas, disparando sus metralletas a la vez que descendían sobre el vacío prendidos de unas cuerdas. Viendo rebotar esas balas en la tierra, a pocos pasos de donde nos apretábamos los espectadores, recordé un ensayo de Edward Said, donde —con cuánta razón— lamentaba la afición de sus compatriotas por esas mojigangas bélicas —las máscaras, los disparos al aire, las pistolas, las exhibiciones de machismo vociferante— que sólo sirven para desacreditar su justa causa. Para que todo esto resultara aún más absurdo había, a poca distancia de nosotros, sobre nuestras cabezas, un dirigible israelí registrando y filmando sin duda el espectáculo.

En medio de ese ruido infernal, cambié unas palabras con un periodista de la televisión palestina que miraba todo aquello con el mismo disgusto que yo. «Éstos», me dijo, señalando a los enmascarados con fusiles, «serán nuestro peor problema cuando alcancemos por fin la libertad. ¿Cómo puede funcionar una sociedad democrática con facciones armadas de gente que no sabe hacer otra cosa que la guerra? ¿Y cuántos movimientos y grupos armados cree usted que hay en la actualidad solamente en Gaza? ¡Decenas!». Tenía toda la razón del mundo, claro está. Entre los palestinos moderados y urbanos con los que dialogué —como Haidar Abd al Shafi, Mustafa Barghouthi, Hanan Ashrawi, Yasser Abed Rabbo y otros— y estos personajes había la distancia astronómica que separa a Ezequiel Lifschitz de una Amira Hass o un Gideon Levy.

Mientras presenciaba todo aquello, advertí de pronto que, entre aquellos mil o dos mil creyentes absolutos que me rodeaban pegando tiros, no había una sola mujer. Con la excepción de mi hija, que, saltando entre la balacera, tomaba fotos. Alarmado, se lo señalé a su novio: «Stefan, fíjate, Morgana es aquí la única mujer». «Y yo el único judío», me consoló él.

VII

Ratoneras humanas

Del millón trescientos mil palestinos que habitan en los 365 kilómetros cuadrados de Gaza —el lugar de mayor densidad demográfica de Oriente Próximo—, más de dos tercios se apiñan en las ratoneras humanas que son los campos de refugiados, producto de la llamada «guerra de independencia» de Israel, en 1948, cuando unos ochocientos mil palestinos fueron desarraigados de sus aldeas y aventados al exilio. Sólo unos ciento cincuenta mil permanecieron en Palestina. Medio siglo después todavía existen campos de refugiados en Gaza, Cisjordania, y en Siria, Líbano y Jordania, donde viven aún varios millones de los siete en que se calcula la población palestina (un millón de ellos son ciudadanos israelíes).

A lo largo de mucho tiempo, Israel acusó a los países árabes de haber forzado aquel desarraigo, incitando a los palestinos a huir de sus aldeas, y, luego, de haberlos mantenido en aquellos guetos, sin integrarlos a sus respectivas sociedades por razones políticas, es decir, para poder acusar a Israel de vocación imperial y colonialista. Pero los llamados historiadores «revisionistas» israelíes, como Benny Morris e Ilan Pappe, han desbaratado esta tesis, mostrando que la expulsión de los árabes durante la guerra de 1948 fue planeada y ejecutada por los líderes sionistas del Israel que nacía como una operación de limpieza étnica masiva. Varios centenares de aldeas y comunidades árabes desaparecieron y sus vestigios están enterrados hoy bajo las florecientes y modernas ciudades de Israel. En el día que pasé con él, en Haifa, en cuya Universidad enseña, Ilan Pappe me mostró los lugares, hoy eficientes campos agrícolas o centros industriales, donde estuvieron algunos de esos pueblos palestinos que se eclipsaron en 1948 y existen ahora sólo como fantasmas en la memoria de los refugiados y en la terca voluntad de resucitarlos de algunos historiadores inconformistas.

Visité tres campos de refugiados, dos en Gaza, el enorme de Yabalia y el más pequeño de al-Shatti, y el de Amari, en Ramallah. En los tres tuve la sensación de estar recorriendo los llamados «pueblos jóvenes» de Lima, pero no los más desarrollados, sino los más pobres y atestados, aquellos donde, en los años ochenta, levantaban sus chozas de barro o sus viviendas de esteras, trapos y latas los campesinos que huían del hambre y el terrorismo de los Andes. Pese a la distancia y a las circunstancias diversas, el espectáculo era casi idéntico: hacinamiento, suciedad, altos de basura en las calles, ratas, falta de luz, de agua corriente, de desagües, proliferación de criaturas descalzas y, junto a algunas construcciones sólidas, multitud de viviendas a medio hacer, paralizadas de pronto sin que se completara el techo, una pared o un cuarto, que parecían mutiladas y desventradas. Aunque, tal vez, aquí, el apiñamiento tendía a ser mayor, como si para aprovechar más el espacio y hacer sitio a más gente, o para abrigarse y protegerse, las viviendas se hubieran ido estrechando e imbricando unas en otras, hasta conformar verdaderos dédalos urbanos. Y, al igual que allá, en el Perú, un fuerte sentido de la hospitalidad, el empeño de la gente para agasajar al forastero con algo, un pedazo de pan, una taza de té.

Produce cierto vértigo pensar que quienes viven en estas condiciones execrables, conforman ya tres o cuatro generaciones, es decir, que la gran mayoría de sus pobladores no conoce otra forma de vida que esta muerte lenta. Y que gran parte de ellos no ha tenido ocasión siquiera de conocer los lugares de donde dicen ser oriundos. Porque nadie en los campos de refugiados, cuando se le pregunta dónde nació, responde: «En Yabalia», o «En al-Shatti» o «En Amari». Aún los más pequeñitos nombran la aldea o la ciudad donde nacieron sus padres o abuelos, conjuro mágico que de algún modo quisiera abolir psicológicamente la tragedia del desarraigo que padecieron sus familias y también expresar la ilusión de volver algún día al lar originario.

¿Por qué no encontré un solo perro vagabundo en Gaza? Me lo explicó una palestina cristiana, empleada de una agencia de ayuda humanitaria a los refugiados. Es dueña de cinco perritos y vive inquieta por lo que les pudiera pasar. La saliva del can se asocia en el Corán con lo impuro y lo ruin, y, según la leyenda, al Profeta no le gustaban. Por eso son escasos los musulmanes de Gaza que los crían. Y algunos fanáticos los matan.

Casi todos los refugiados con los que hablé, cuando les pregunté cuál era el problema más grave que enfrentaban, me respondieron:

«La falta de trabajo». (Una de las excepciones fue una señora que, en un centro de ayuda para las mujeres víctimas de maltratos, me dijo, en al-Shatti: «La falta de libertad en la familia»). Gaza vivía, o malvivía, gracias a que sus habitantes cruzaban la frontera e iban a trabajar como agricultores, obreros, artesanos o domésticos a Israel. Cuando, a partir 1991, el Gobierno israelí, alegando razones de seguridad —muchos terroristas procedían de Gaza— comenzó a restringir los permisos de trabajo, en la Franja cundió el paro y cayeron los niveles de vida en picado. Para suplir a esos trabajadores, Israel importa rumanos, filipinos, tailandeses y hasta sudamericanos. En las buenas épocas, más de cien mil árabes cruzaban cada día las barreras militares de la frontera. Hoy, apenas puñaditos privilegiados de cien a ciento cincuenta personas. Por eso, el paro en Gaza alcanza al 70 por ciento de la población y sus ciudades y campos de refugiados ofrecen ese espectáculo dramático, de abandono, ocio forzado y decrepitud.

Las cifras que muestran las organizaciones internacionales sobre el estado de la salud, enfermedades, mortalidad infantil, suicidios, en los campos son escalofriantes. El doctor Mahmud Sehwail, en su Centro para la Rehabilitación y Tratamiento de Víctimas de Torturas, me refirió una investigación que habían hecho él y los cuatro psiquiatras que lo acompañan no hacía mucho, entre niños palestinos con problemas psicológicos: casi dos tercios de ellos manifestaron deseos de morir. Sin la distribución de alimentos que lleva a cabo la UNRWA y los esfuerzos que ella hace, al igual que otras instituciones y ONGs, para impulsar talleres y artesanías y capacitar a los desempleados, la suerte de la desdichada población de la franja de Gaza sería todavía muchísimo peor. Pero, por valiosos que sean, estos empeños son gotas de agua en un arenal. Por eso, no es extraño que se advierta un pesimismo tenaz y generalizado en los campos de refugiados cuando se interroga a hombres y mujeres sobre si tienen esperanzas de que, con la partida de los colonos y los soldados israelíes, las cosas mejoren para ellos. Miradas escépticas, expresiones indolentes, dubitativas, tristeza y cólera.

Sin embargo, este sentimiento de furor, en los campos, se vuelca tanto contra la Autoridad Nacional Palestina como contra el ocupante judío, y acaso más contra aquélla que contra éste. Las acusaciones son siempre las mismas: unos corruptos, no cumplieron nada de lo que prometieron, se robaron el dinero de las donaciones y ayudas en vez de hacer algo por el pueblo. Cuando yo insistía: «¿El presidente Arafat, también?», vacilaban, cambiaban de tema, matizaban: «Él, no, sus colaboradores, todos los demás». Y la gran mayoría contrastaba esta conducta con la gente de Hamás, «que vive como nosotros, que no roba, que abre escuelas, hospitales, que cumple lo que dice». La simpatía por esta organización extremista islámica parecía obedecer sobre todo, mucho más que a razones religiosas —conforme a lo que me dijeron muchos dirigentes palestinos de oposición— a la ayuda social que se canaliza a través de ella.

En todos los hogares a los que entré había jóvenes o viejos que habían estado en cárceles israelíes o tenían hijos, hermanos o padres o parientes que lo estaban todavía. A eso se debe que el hebreo esté tan extendido en Gaza y Cisjordania. Y todos habían padecido en algún momento incursiones violentas de patrullas militares o policiales de Israel, o habían visto demoler casas, y todos los niños movían la cabeza afirmativamente, con orgullo o picardía, mostrando el puño, cuando les preguntaba si alguna vez habían lanzado piedras a los colonos o a los soldados. La frustración y el odio

eran por momentos una atmósfera tan carga-
da que costaba trabajo respirar.

Pero, tal vez, más que la cólera contra el
ocupante, y que la desesperación por la falta
de trabajo, lo que más socava la moral de la humanidad desvalida que puebla los campos de
refugiados sea la claustrofobia, la sensación
de vivir en campos de concentración, donde
todas las puertas están guardadas por guardianes severos que, con cualquier pretexto, se
ponen muy violentos. Conseguir un permiso
para cruzar a Israel es laborioso, difícil, a menudo imposible. Pero también lo era para cir-
cular dentro de la misma franja de Gaza, que
el ocupante había cuadriculado de barreras militares y rejas. De manera que cada cual estaba confinado en su pequeña parcela, como los
animales en sus jaulas del zoológico.

Cuando le pregunto al doctor Haidar Abd
al Shafi, en una terraza que mira al mar de Gaza, si cree que alguna vez se cerrará el abismo
emocional que separa hoy a judíos y árabes en
Palestina, me asegura que es perfectamente
posible. Y recuerda su niñez en Hebrón, cuando el mejor amigo de su padre era el rabino,
que visitaba siempre a su familia. Tiene más
de 90 años y está derecho como un árbol y muy
lúcido. Es respetado por todas las tendencias

y considerado el padre del nacionalismo palestino. Con un olfato extraordinario, fue uno de los escasos palestinos que, yendo contra la corriente, apoyó la partición de Palestina en dos estados independientes que decretó la ONU en 1947 y urgió a sus compatriotas a acatarla. Si lo hubieran escuchado, no sólo se hubiera ahorrado toda la sangre que desde entonces ha corrido: el Estado palestino sería una realidad consumada y de fronteras mucho más anchas de las que ahora aspira a tener.

Fue opositor y crítico severo de Arafat —«No confío en los líderes carismáticos»— y dice que la paz será inmediata si Israel acepta volver a los límites de 1967. «Esto nos dejaría apenas con la cuarta parte de Palestina. ¿Qué menos podemos aceptar?». Él, un demócrata convencido, ¿no teme la creciente popularidad de Hamás entre los refugiados? «Hay que constituir un Consejo, en que todas las tendencias estén representadas, sin excepción. Si las organizaciones extremistas asumen responsabilidades políticas y empiezan a trabajar de manera institucional, se irán democratizando. La ideología irá siendo reemplazada por el realismo y el sentido práctico, algo que trae siempre consigo el ejercicio de la democracia».

Curiosamente, una opinión muy parecida —que Hamás podría, poco a poco, mode-
rarse, renunciar al terrorismo y operar en
democracia— se la he oído a uno de los grandes expertos en seguridad de Israel, Efraim
Halevy, que asesoró a Sharon en esta materia.
«Pienso que Hamás va a competir de igual a
igual con Al Fatah de Abu Mazen en las elecciones para el Parlamento palestino. Puede,
entonces, convertirse, de gran problema en
una vía de solución de todos los problemas.
Es una organización representativa, en la que
el pueblo confía. Si evoluciona en el sentido
que creo, podría enfrentarse a Al Qaeda y sal-
var al islam del abismo al que Osama Bin Laden lo está empujando. Desde hace algún
tiempo, aunque usted no lo crea, la gente de
Hamás busca abrir un diálogo con dirigentes
israelíes de alto nivel».

El doctor Haidar Abd al Shafi no cree que
el «derecho al retorno» de los refugiados palestinos de la diáspora —unos dos millones—
sea un problema insoluble para sellar la paz
con Israel. «Lo importante es que los israelíes
acepten el principio: que quienes fueron arro-
jados de sus tierras tienen derecho a volver a
ellas. Si lo aceptan, nos sentaremos a negociar
la mejor manera de ponerlo en práctica: com-

pensaciones económicas, intercambio de territorios, en fin, hay muchas fórmulas».

También el dirigente de la OLP, Yasser Abed Rabbo, cree que, si hay un poco de buena voluntad en ambas partes, todo el contencioso palestino-israelí puede ser objeto de «un compromiso». Como lo ha sido ese acuerdo de Ginebra que él y Yossi Beilin firmaron en 2003. Me recibe en su oficina de Ramallah, acompañado de su mujer, la novelista y documentalista Liana Badr, que conoce la literatura «realista-mágica» de América Latina como la palma de su mano. «Usted no sabe lo que es tener al *Women's Lib* en casa», se queja él y su mujer recibe aquello con franco alborozo, como un piropo. (Le aseguro que lo sé muy bien). Sin más preámbulos le digo que en los tres campos de refugiados que he visitado he oído hablar pestes a todo el mundo de la Autoridad Palestina, a la que acusan de corrompida hasta los tuétanos. Reconoce que hay mucho de cierto en esas acusaciones, pero también exageración, una manera de volcar la frustración y la impotencia acumuladas. Me asegura que ahora se están haciendo esfuerzos denodados para acabar con los tráficos y los favoritismos.

Es un hombre menudo, de hablar suave y educado, que lleva un cuarto de siglo militando en la OLP. Ha estado preso, y no sólo en Israel, «sino también donde mis hermanos árabes» y, varias veces, a punto de morir. Él participó en las negociaciones de Camp David de 2000 que convocó el presidente Clinton y en las de Taba. ¿Por qué rechazó Arafat una propuesta tan amplia como la que recibió de Israel en aquella ocasión? «No fue el 98 por ciento de los territorios ocupados lo que ofrecían devolver. Sólo el 94 por ciento. Y, respecto a Jerusalén, proponían una complicada fórmula: dividir el control de la ciudad en cinco sistemas, con soberanía propia en algunos y soberanía compartida en otros. Pero, en última instancia, lo que frustró la negociación es que no estuvo nada preparada. Todo se discutía por primera vez, no hubo ese trabajo previo, que va estableciendo pautas, acuerdos, de modo que en la negociación final sólo se remachen los detalles. Clinton exigió ese encuentro y quizo forzar el acuerdo, pero todo era caótico y precipitado. Por eso fracasó. En Taba, en cambio, fue distinto. Allí sí hubo un trabajo serio y un principio de acuerdos importantes. Pero ya era tarde: era seguro que Ehud Barak perdería las elecciones, que tendrían lugar a los pocos días. Por eso Shlomo Ben Ami dijo que en esas condiciones era imposible para la delegación que presidía, firmar un acuerdo que, de antemano, Sharon anunciaba que no respetaría». Pero se avanzó bastante y hubo un diálogo fluido entre palestinos e israelíes. «Nos reuníamos en el cuarto de hotel de Shlomo Ben Ami al que llamábamos "El Burdel", porque era todo de terciopelo rojo, y con espejos por doquier».

Yasser Abed Rabbo cree que nada está perdido, que el acuerdo de Ginebra ha sido una manera de resucitar aquel espíritu de entendimiento que reinó en Taba y que puede volver a reinar. «Perfecto», ordena Liana Badr. «Ahora, dejemos un rato de lado el feminismo y la política. Y hablemos de literatura».

VIII

Los justos

Para mi sorpresa, la primera vez que fui a Israel, en 1974 o 1975, descubrí que yo, pese a todo, seguía siendo de izquierda. Llevaba ya buen número de años criticando el sectarismo y la cerrazón ideológica de esa izquierda hemipléjica latinoamericana que condenaba a los dictadores si eran de derecha pero los adulaba y bañaba en incienso si se proclamaban comunistas como Fidel Castro, que defendía el populismo y se negaba a aceptar que el estatismo y el dirigismo no sólo arruinaban la economía y condenaban a la pobreza a una sociedad, sino hacían proliferar la corrupción, instalaban la censura intelectual y de prensa, y acababan por suprimir hasta el último resquicio de libertad. Todo ello me había llevado a una reflexión autocrítica bastante difícil, pero liberadora, y a reivindicar los valores «formales» de la democracia burguesa, la soberanía individual, el Estado pequeño y la sociedad civil grande, y las políticas de mercado de la filosofía liberal.

Pero, en aquel mes que pasé en Israel, descubrí una izquierda que carecía de las taras dogmáticas, anacrónicas y reñidas con la libertad, de la izquierda en América Latina y en Europa. Allí, la izquierda, por lo menos en el amplio grupo de israelíes que la representaba con el que tuve ocasión de alternar —qué habrá sido de mi compañero de viaje por el Neguev, Julio Adín—, todavía actuaba movida por razones más morales que ideológicas, era profundamente democrática —tolerante, pluralista, anti autoritaria— y entendía que su primera obligación no era capturar el poder de cualquier modo sino criticarlo, limitarlo y corregir sus estropicios. Por las particulares características de la historia de Israel, allí, la izquierda, que denunciaba los abusos contra los árabes y militaba a favor de la paz y el abandono de los territorios ocupados, y por la democratización del Estado israelí, había conservado aquel idealismo libertario y el sentido ético de la política que a mí, de joven, me habían seducido tanto. Desde entonces, las cinco veces que he vuelto allí he confirmado esta impresión inicial y por eso siempre digo que el único lugar en el mundo en el que, pese a mis convicciones liberales, todavía me siento de izquierda es Israel.

Esta vez, más que las otras. Pese a que, lo que merece el nombre de izquierda se ha reducido en Israel a su más mínima expresión, acaso apenas a unos pocos centenares de «justos», en el sentido en que usaba esta palabra Albert Camus. Un puñado de mujeres y hombres excepcionalmente íntegros y valerosos, que dan una batalla política, intelectual, cultural y periodística poco menos que quijotesca, porque el grueso de la sociedad se ha ido enquistando más y más, sobre todo a partir del año 2000, cuando el fracaso de Camp David, el inicio de la segunda Intifada y la proliferación de los atentados terroristas del islamismo fundamentalista contra blancos civiles, en un conservadurismo nacionalista, chauvinista y xenófobo, con una fuerte impronta religiosa. Nada da una idea más cabal de esta derechización extrema de Israel que imaginar que las próximas elecciones enfrentarán, prácticamente como únicas estrellas, a Ariel Sharon y Benjamin Netanyahu, éste último convertido en un demagogo ultra nacionalista que con sus acusaciones de haberse entregado al enemigo ha conseguido convertir a aquél en un moderado y un centrista. Amos Oz tiene razón: el surrealismo no está en Israel en la literatura sino en la política.

Los justos no piensan igual, discrepan mucho entre sí, y, acaso, si se los encerrara a todos en un recinto, estallarían injurias y bofetadas. Pero todos ellos practican lo que Weber llamaba las políticas de convicción antes que las de responsabilidad, y todos son durísimos críticos de su Gobierno y de su Estado, incesantes denunciadores de los abusos y crímenes de que son víctimas los palestinos y sistemáticos defensores de una paz que, a su juicio, sólo será posible cuando Israel abandone la ocupación colonial de Cisjordania y reconozca el derecho de los palestinos a tener su Estado independiente con Jerusalén, cuya soberanía sería compartida, como capital. Pero, acaso, el empeño más tenaz de los justos sea tratar de abrir los ojos de sus compatriotas que se niegan a ver y oír lo que pasa a su alrededor, y que, dentro de un sistema cada vez más orientado —como el de la minoría blanca en la Sudáfrica del *apartheid*— a no saber, ni enterarse, de lo que ocurre en Gaza y Cisjordania y de lo que los soldados y los Gobiernos hacen allí, mueven cielo y tierra para aguarle la fiesta, es decir, la buena conciencia y la tranquilidad, a la mayoría conformista.

Sionistas o antisionistas, laicos o religiosos, periodistas o académicos, políticos o profesionales, operan generalmente al margen de los partidos, de manera independiente o desde pequeñas organizaciones, fundaciones u ONGs más bien marginales, en una labor que les trae sin duda sinsabores y, como recompensa, nada más que la satisfacción moral de ser consecuentes con sus ideas, la conciencia del deber cumplido. Es verdad que, para ellos, Israel es una sociedad democrática y que sus derechos están amparados, aunque, tal vez, la antipatía y la hostilidad que llegan a despertar entre sus compatriotas —uno de mis deportes ha sido estos quince días mencionar sus nombres en ciertos círculos para ver cómo las pasiones se ponían a crepitar— les deben de hacer la vida mucho más difícil que a los demás.

Varios de ellos han asomado ya por esta serie de artículos y hay, desde luego, muchos más a los que no visité y ni siquiera conozco. Pero ese puñado era un buen muestrario del temple de que están dotados y de la admirable tarea que llevan a cabo. Nunca olvidaré a Amira Hass, la periodista israelí que vive entre los palestinos de Gaza y de Ramallah hace años para «saber lo que es vivir bajo una ocupación colonial» y cuyas crónicas, como las de su colega Gideon Levy, en *Haaretz*, son siempre un llamado de alerta a la conciencia cívica. Ellos dicen lo que nadie más dice y lo que la opinión pública no quiere saber. Ni al ex soldado Yehuda Shaul y sus colaboradores recién salidos de la adolescencia, exhortando a sus compañeros de armas a «romper el silencio» y confesar los horrores que comete, inevitablemente, todo ejército de ocupación. Ni, por cierto, a Meir Margalit y sus amigos, reconstruyendo laboriosamente, una y otra vez, contra toda esperanza, las casas demolidas de los palestinos sólo para que los tanques las vuelvan a demoler. Ni a la espléndida Allegra Pacheco, abogada israelí, defensora de presos, que sacó de la cárcel (donde pasó dieciséis años por lanzar un cóctel molotov) al palestino Abed al Rahman al Ahmar y luego se casó con él. Ahora viven en Belén y al primero de sus dos hijos le han puesto un nombre simbólico: ¡Jerusalén!

La lista sería bastante larga, y siempre insuficiente, porque acaso los más meritorios entre los justos sean las mujeres y los hombres anónimos, aquellos cuyos nombres jamás llegan a los periódicos. Pero prefiero concentrarme en el historiador Ilan Pappe, acaso el israelí que ha ido más lejos en el inconformismo y el que viene librando la batalla más radical contra el establecimiento político y académico de su país.

Nacido en Haifa, en 1954, hijo de judíos alemanes, estudió historia en la Universidad Hebrea de Jerusalén y en Oxford, donde se doctoró con una tesis sobre la guerra de 1948, cuando la independencia de Israel. Es un tema sobre el que ha publicado varios estudios, defendiendo la idea de que, contrariamente a lo sostenido por la versión canónica del sionismo, aquella guerra constituyó una auténtica limpieza étnica, en la que la inmensa mayoría de la población palestina fue expulsada y sus aldeas destruidas a fin de ganar territorios para el Estado de Israel. En esos trabajos funda Ilan Pappe su convicción, muy atacada en su país, de que Israel tiene la obligación de admitir haber cometido ese despojo y de reconocer el «derecho al retorno» de los refugiados palestinos como condición previa para la paz.

Es profesor de Historia de Oriente Próximo en la Universidad de Haifa y no hace mucho tiempo protagonizó un sonado escándalo cuando se solidarizó públicamente con un boicot de las universidades británicas contra las Univer-

sidades de Haifa y de Bar-Ilan, en Israel, acu-
sadas de discriminación y acoso a Teddy Katz,
autor de una tesis de maestría sobre una matanza, en Tandura, en 1948. Aunque Pappe no
dirigió esta tesis, se solidarizó con Katz. El escándalo fue descomunal y hubo un movimiento para expulsar a Ilan Pappe de la universidad,
algo que no ha prosperado, sin duda por el gran
respaldo internacional que tuvo del mundo
universitario en Europa y en los Estados Unidos, donde goza de un sólido prestigio. (Recomiendo a quienes quieran conocer el rigor intelectual de Pappe y su radicalismo justiciero
su *A History of Modern Palestine. One Land, Two
Peoples*, publicada por Cambridge University
Press en 2004).

Para tener una idea de los rencores que sus
posiciones producen en su país, citaré estas lí-
neas escritas en *Maariv*, por Erel Segal , exhortando a los israelíes a: «Si lo ven venir hacia
ustedes en la calle, cambien de acera. No se
sienten a su lado en ningún transporte público. No cambien una palabra con él, ni buena
ni mala. Trátenlo como los judíos de todas las
generaciones hemos tratado siempre a aquellos que se apartaban de la comunidad».

Pensé que encontraría a alguien tenso o apasionado —no es cómodo vivir si sus paisanos

lo creen a uno un traidor, lo sé por experiencia propia— pero, por el contrario, me encontré con un hombre campechano y vital, con sentido del humor, desprovisto de vanidad y que se resistía a hablar de sus problemas personales. Más bien me llevó a conocer un cementerio en ruinas, el de Balad al-Sheikh, hoy llamado Nesher, donde está la tumba de un guerrero palestino Iz al-din al-Kassam, que, me dijo, una vez al año un grupo de voluntarios viene a limpiar.

Me hizo conocer la Haifa «árabe», lo que queda de ella por lo menos, los lugares donde estuvieron las aldeas abolidas, y, en el centro de la ciudad, las casas expropiadas por Ben Gurión, abandonadas o a medio derruir, de los árabes prósperos que se fueron a vivir en el exilio. Esas casas Ilan Pappe y sus colaboradores las fotografían y tratan de identificar a sus dueños originales o herederos (hace poco habían localizado a uno de ellos, en París), para reconstruir una sociedad y una época que la historia oficial quiere borrar. En el Instituto de Estudios Árabes que dirige, en una vivienda antigua, me muestra una exposición donde se exhibe en fotografías y diseños aquella ciudad árabe de la que hoy día quedan sólo vestigios y de la que, dice apenado, pronto quedarán únicamente estas imágenes.

No sólo conoce su ciudad al dedillo sino que la ama; en cada esquina, en cada rincón, tiene una anécdota que contar, un personaje que evocar. Pero se le ensombrece la voz cuando recuerda que setenta y cinco mil árabes fueron expulsados de esta ciudad en pocos días, en 1948. Dimos una larga caminata por la hermosa Colonia Alemana, donde un muchacho se acercó a Pappe, efusivo, a decirle que él había sido el primer profesor israelí que fue a su colegio a darles una conferencia y les habló en árabe. Qué abierta y simpática resulta Haifa, qué moderna y fresca, viniendo de la opresiva y beata Jerusalén. Sólo durante la cena, en un restaurante del barrio, se animó el historiador a hablar de política actual.

Está convencido de que la evacuación de Gaza no tendrá trascendencia, porque esos veintiún asentamientos son nada, comparados con los centenares de Cisjordania, que Sharon no tiene la menor intención de desocupar. Mientras Israel no lo haga, y reconozca el derecho de Palestina a la soberanía y al retorno de los refugiados, no habrá solución al conflicto y, larvada o abierta, la guerra continuará. Su crítica al sionismo es frontal: un país no puede ser democrático de verdad si practica el exclusivismo religioso o étnico. Es algo que los sionistas de izquierda no se resignan a admitir, y, por eso, Ilan Pappe es muy severo contra ellos. «Por lo menos, con los ultras y los conservadores las cosas están claras, uno sabe a qué atenerse. Pero los sionistas quieren ser progresistas y luchan por la paz y la reconciliación y tienen buena conciencia. Y no aceptan que la idea de un Estado sólo para los judíos es absolutamente incompatible con una verdadera democracia y una sociedad normal». Él es uno de los más elocuentes defensores de un Estado único y binacional, en el que judíos y árabes sean ciudadanos con los mismos derechos y deberes.

Pappe vive a unos veinte minutos de Haifa, en un suburbio encaramado en la cumbre de una colina desde la cual, en esta noche clara y tibia, mediterránea a más no poder, se ven todas las estrellas del cielo. Tiene dos hijos pequeños y una mujer encantadora. Les pregunto si no tuvieron problemas con sus vecinos para instalarse aquí. Por lo visto, cuando se supo que venían, alguien hizo correr un papel acusándolo a él de antisemita. Pero la pareja no se dio por enterada y, apenas llegaron, invitaron a todo el barrio a tomar una copa en la casa. Vinieron muchos. Se llevan bien y, a veces, alguno de los vecinos, cuando nadie lo ve ni lo oye, susurra al oído de Ilan: «Estoy de acuerdo contigo».

Oyendo a esta pareja, conversando con Ilan Pappe en aquella hermosa noche estrellada, me conmoví mucho. Fue una de las últimas entrevistas que tuve en Israel, en esas dos semanas enloquecidas, en las que, constantemente, tenía que luchar contra la tremenda impresión que me había causado la situación del país. Un país que ha crecido, se ha enriquecido y se ha vuelto tan poderoso que —ojalá me equivoque— podría seguir viviendo así muchos años, sin la menor urgencia de resolver su problema con los palestinos. Porque lo cierto es que, por dolorosos y terribles que sean en lo individual y familiar, los atentados terroristas sólo son unos pequeños rasguños en la piel de ese elefante que es ahora Israel, algo que no amenaza su existencia, ni sus altos niveles de vida, ni, ay, su conciencia. Todavía peor: en cierto sentido, a diferencia de lo que ocurre con los palestinos —donde el conflicto se plantea en términos de supervivencia, de vida o de muerte— para los israelíes el conflicto ha pasado a ser algo más bien marginal, una rutina en la que su poderoso Ejército se entrena, actualiza y refuerza. Como escribió alguna vez Shlomo Ben

Ami, Israel se ha vuelto un país que no sabe vivir en paz, sólo en la guerra.

Sin embargo, conversando con Ilan Pappe y su mujer mi pesimismo no parecía justificado. Ambos tienen una convicción tan acendrada de que, más pronto que tarde, todo comenzará a cambiar en la buena dirección, que me la contagian. Las injusticias históricas terminan siempre por ser reconocidas, por merecer la condena universal, e, incluso, la reparación debida. ¿No es acaso el pueblo judío la mejor prueba de ello? Las atroces matanzas, los guetos, las persecuciones seculares ¿acabaron acaso con ellos? Al final, la verdad se impuso. También se impondrá en este caso. Lo importante es no dudar, no quedar paralizado. Sino actuar, hablar, escribir, hacer todo lo que uno está en condiciones de hacer, para que la historia tenga un buen final.

Porque hay en Israel todavía gentes como Ilan Pappe, aunque sean hoy una pequeña minoría, hay que tener esperanza de que las cosas, después de Gaza, vayan para mejor. Pero no ocurrirá de manera automática, ni mucho menos por la buena voluntad de los actuales gobernantes de Israel. Sino por ese trabajo callado, paciente, incesante, de heroicas hormigas, de los justos de Israel.

Anexos

Lógica de la sinrazón

Lo peor que ocurre en Oriente Próximo no es el extremo demencial de salvajismo que ha alcanzado el enfrentamiento entre palestinos e israelíes, los crímenes que unos y otros perpetran a diario contra el adversario disfrazándolos siempre como «represalias», sino el eclipse de todas las esperanzas de una solución pacífica del conflicto que hicieron nacer los acuerdos de Oslo de 1993. Nadie se acuerda de ellos ahora. Ambos adversarios parecen haber llegado al tácito acuerdo de enterrarlos definitivamente. Ya no se trata de pactar una fórmula de convivencia mediante concesiones recíprocas, como acordaron los negociadores en las secretas conversaciones de Noruega, sino de golpear al enemigo hasta rendirlo por el terror, e imponerle una solución. Como esto no va a ocurrir, todo indica que la vertiginosa hemorragia de sangre y de crímenes en Oriente Próximo continuará, por tiempo indefinido.

Preguntarse cuál de los adversarios es el culpable del fracaso de Oslo es una temeridad, porque, salvo para quien tiene una opción tomada de antemano respecto a la naturaleza del conflicto palestino-israelí, lo cierto es que, desatada la ofensiva terrorista recíproca en que ambos están embarcados, las razones que esgrimen palestinos e israelíes para explicarla tienen una fuerza persuasiva equivalente y encarnan ejemplarmente aquellas «verdades contradictorias» sobre las que teorizó Isaiah Berlin. Tal vez sea más útil describir la secuencia que ha ido destruyendo el clima de optimismo y expectativa que los acuerdos de Oslo hicieron posible, hasta llegar a la trágica situación actual.

Aunque nunca se llegaron a aplicar con absoluta fidelidad las disposiciones acordadas en Oslo, la verdad es que, mientras estuvo en el poder en Israel el Partido Laborista, que había negociado aquellos acuerdos, hubo progresos reales —aunque muy lentos— en su implementación y un clima de coexistencia entre ambas comunidades que mantuvo viva la esperanza. La derrota de Simon Peres y la subida al poder del Likud, con Bibi Netanyahu a la cabeza, fue el primer revés serio para aquellos acuerdos. El nuevo gobernante, que ganó su mandato criticando Oslo precisamente, puso, en la práctica, un freno sistemático a lo allí acordado, aunque de palabra se comprometiera a cumplir con los compromisos adquiridos por Israel. Esta política fue muy bien recibida, del lado palestino, por los extremistas de Hamás y de la Yihad Islámica, que habían criticado a Arafat por su moderación en Oslo y profetizado el fracaso de estos acuerdos.

Así comienza la lógica de la sinrazón a suplantar, poco a poco, el pragmatismo y la sensatez que, en 1993, parecían haber enrolado a palestinos e israelíes en un proceso de paz susceptible de desembocar en una solución definitiva del conflicto árabe-israelí. La subida al poder del laborismo con Ehud Barak no consiguió revertir este proceso, sólo demorarlo. Sin embargo, en las conversaciones auspiciadas por el presidente Clinton en Camp David, en julio de 2000, Israel hizo las más amplias concesiones que había hecho nunca a las tesis palestinas. Barak aceptó reconocer la jurisdicción del futuro Estado palestino sobre casi el 95 por ciento de los territorios de la orilla occidental del Jordán y la franja de Gaza, y consintió en que los palestinos asumieran responsabilidades importantes en la administración y el gobierno del Jerusalén oriental, algo que ni las más avanzadas palomas de Israel se habían atrevido a proponer.

¿Por qué no aceptó Arafat esta propuesta, seguramente la mejor que cabía esperar en términos realistas para la causa palestina? Por miedo a los extremistas de Hamás y de la Yihad Islámica, cuya prédica maximalista, sumada a la ineficacia y corrupción de la Autoridad Palestina, le había ido mermando el apoyo popular. Su insensata contrapropuesta de incluir en el acuerdo «el derecho al retorno» de toda la diáspora palestina, cuya consecuencia inevitable sería la desaparición de Israel bajo la marea demográfica, trajo consigo el fracaso de la reunión cumbre de Camp David.

De esta manera, Arafat demostró que le interesaba más el poder que la causa palestina, y, también, que, además de pésimo estadista, era un cínico, dispuesto a mantenerse en el Gobierno aun cuando el precio de ello fuera servirles en bandeja el poder a sus enemigos jurados, los halcones de Israel.

Las concesiones que Ehud Barak hizo en Camp David a fin de precipitar la paz, no convencieron a Arafat, pero, en cambio, alarmaron a un sector muy amplio de la sociedad israelí, que quería la paz con los palestinos, sí, pero no a semejante precio. Además, el rechazo de Arafat convenció a muchos israelíes del centro y de la izquierda —entre ellos una de las personalidades más comprometidas con la causa de la paz, como el escritor Amos Oz—, que hasta entonces habían apoyado Oslo y el proceso de paz, de que Arafat no resultaba persona de fiar y que, probablemente, era cierto lo que Ariel Sharon y la extrema derecha israelí venían sosteniendo desde 1993: que era una ilusión hablar de Arafat como un moderado; que la única diferencia entre él y los extremistas palestinos era de apariencia y de verbo, pero que, en el fondo, como la Yihad Islámica y Hamás, su designio último era la destrucción de Israel.

La subida al poder de Ariel Sharon enterró Oslo definitivamente. Su lógica, aunque en las antípodas de los extremistas palestinos, comparte los supuestos apocalípticos y maniqueos con que éstos encaran el conflicto. Para Sharon no hay moderados y radicales entre los palestinos; todos ellos constituyen una entidad homogénea unida por un propósito común, que es destruir Israel —«echar a los judíos al mar»— y, por lo tanto, la única política posible ante semejante amenaza es la de la fuerza y el amedrentamiento. Hacer pagar con creces todas las acciones terroristas, mediante ejecuciones selectivas, destrucciones de propiedades, extendiendo las colonias judías en el interior de los territorios ocupados y dividiendo y subdiviendo a éstos con barreras y pasos forzados hasta tener encuadrada y poco menos que inmovilizada a la población palestina, ni más ni menos que en un campo de concentración. Sharon piensa que la gigantesca superioridad militar de Israel y el apoyo económico y político de Estados Unidos son suficientes para que este estado de cosas se mantenga indefinidamente. ¿Podrá vivir así, Israel, de manera indefinida, en ese estado de guerra latente y reprobado por todo el resto del mundo? Él piensa que sí, y, lo más grave, es que una mayoría de sus conciudadanos parece haberse dejado seducir por este razonamiento, pues apoya su política.

Los terroristas palestinos que hacen volar discotecas o pizzerías en Tel Aviv y Jerusalén despanzurrando niños y viejos piensan, también, que, en este conflicto, no hay término medio posible; la justicia, para el pueblo palestino, despojado de su tierra y convertido en paria por un ocupante extranjero, pasa por la liquidación del colonizador, por la destrucción de Israel. Es verdad que, desde el punto de vista militar, Israel es imbatible. Pero, como se ha demostrado hasta el cansancio en estas últimas semanas, la superioridad tecnológica de tanques, aviones y cañones israelíes, no hace invulnerables a las familias, a los transeúntes, a las mujeres y los hombres del común en Israel contra los coches bomba o los kamikazes, que pueden llevar sus cargas mortíferas por doquier.

¿Hay un límite para esta lógica del terror que en la actualidad preside la vida política en Oriente Próximo? Sólo si en el seno de las comunidades palestina e israelí se produce una reacción de los sectores moderados que en la actualidad se hallan secuestrados por la puja extremista. No hay, sin embargo, el menor indicio de que algo así esté por ocurrir. Los esfuerzos en el seno del Gobierno de Sharon de una persona tan respetable como Simon Peres para contrarrestar la belicosidad de su primer ministro y hacer reflotar las negociaciones de paz, resultan cada vez más irreales y hasta patéticos. Y del lado palestino es obvio que Hamás y la Yihad Islámica tienen ahora, en cuanto a liderazgo se refiere, mayor autoridad que la del desprestigiado Arafat. En estas condiciones, algunos comentaristas piensan que Estados Unidos es la única potencia que puede, dada la cercanía que tiene con Israel, inducir al Gobierno de Ariel Sharon a un cambio de política, a tomar unas iniciativas que, en un futuro próximo, resuciten la mecánica de la paz que hizo posible Oslo. Esto es bastante improbable, sin embargo, porque, dado el extremo a que han llegado las cosas, ¿cómo podría Sharon revertir la política que lo ha llevado al poder y lo mantiene en él sin autoinmolarse, como lo hizo Ehud Barak en Camp David? Probablemente no volverá a asomar una luz en el túnel en que se halla sumido Oriente Próximo hasta que, en una futura elección, una mayoría electoral desplace del poder a Sharon y los fanáticos fundamentalistas que lo secundan. Es algo que, si no mañana, pasado o traspasado mañana, puede ocurrir. Porque, no lo olvidemos, pese a los energúmenos que ahora lo gobiernan, Israel es la única democracia digna de ese nombre en todo Oriente Próximo.

Domingo, 19 de agosto de 2001

El enemigo de Israel

Aunque las bombas caen sobre Afganistán, el origen de esta guerra, y también su recurrencia cíclica así como su solución, tienen como escenario principal Oriente Próximo. Mientras el conflicto palestino-israelí continúe abierto, con su periódica ración de asesinatos, acciones terroristas, incursiones armadas y operaciones de represalias por parte de uno y otro bando, la crisis que se ha abierto entre un sector importante del mundo islámico y los Estados Unidos y Europa occidental seguirá agravándose y provocando violencias de incalculables consecuencias para el futuro de la humanidad.

Lo más inquietante en el estado actual del enfrentamiento palestino-israelí es que se hayan volatilizado las posibilidades de una solución negociada. Y nada indica que esta situación pueda mejorar en un futuro inmediato. Hasta los acuerdos de Oslo en 1993 entre Arafat y Rabin, la responsabilidad mayor por la falta de progresos incumbía a la OLP (Organización para la Liberación de Palestina), por su negativa a aceptar la idea de un Estado israelí con fronteras seguras, y por privilegiar los métodos violentos sobre los políticos en pos de sus fines, en tanto que en Israel siempre hubo, incluso bajo los Gobiernos conservadores del Likud, importantes sectores políticos favorables a una paz concertada con los palestinos, que incluyese la cesión o devolución de territorios ocupados a cambio de un reconocimiento de la soberanía israelí y de garantías firmes respecto a su seguridad.

Los acuerdos de Oslo significaron un extraordinario progreso en la dirección de la sensatez, es decir, de una solución pacífica y de largo alcance del conflicto, y mostraron la existencia, en ambos bandos, de sectores moderados y pragmáticos, respaldados por la mayoría de sus sociedades, que podían entenderse y contener a sus respectivos extremistas partidarios de un maximalismo apocalíptico. Arafat y la OLP, de un lado, y el Gobierno israelí de Rabin y Peres, del otro, dieron pasos resueltos, y fijaron un calendario, para ir esta-

bleciendo la confianza entre las partes, elimi-
nando el terror y echando las bases de una coexistencia que fuera encontrando fórmulas
viables para todo el contencioso entre los «hermanos enemigos» de Palestina. Pero el asesinato de Isaac Rabin por un extremista judío
asestó un golpe severísimo —ahora se advierte que poco menos que mortal— a este plan
de paz tan empeñosamente negociado en Noruega. Porque Simon Peres, uno de sus ges-
tores, fue, luego de una lamentable campaña,
derrotado por unos pocos miles de votos por
Bibi Netanyahu y un Likud que, una vez en
el poder, aunque de labios para afuera —y para complacer a Estados Unidos— dijeran aca-
tar los acuerdos de Noruega, en la práctica comenzaron a hacer todo lo necesario para atrasar
y dificultar su cumplimiento.

El retorno del laborismo al Gobierno, con
Ehud Barak a la cabeza, hizo renacer la esperanza. Y no hay duda de que en algo se re-
vitalizó aquel desfalleciente proceso. Hay que
recordar que el premier laborista, en las negociaciones de Camp David, en julio de 2000,
propiciadas por el presidente Clinton, pro-
puso a Arafat reconocer la jurisdicción del
futuro Estado palestino sobre el 95 por ciento de los territorios de la orilla occidental del

Jordán y la franja de Gaza, y aceptar que los palestinos tuvieran responsabilidades en la administración y el gobierno de Jerusalén oriental, las mayores concesiones hechas nunca en su historia por el Estado judío a los palestinos a fin de poner fin a las hostilidades entre las dos comunidades. Que la Autoridad Nacional Palestina presidida por Arafat rechazara esta propuesta sólo se explica por el temor a ser rebasada por una oposición extremista (liderada por organizaciones terroristas como Hamás y la Yihad Islámica) a la que el incumplimiento por parte de Israel de los acuerdos de Oslo y la mala gestión y los abusos atribuidos al Gobierno de la ANP habían hecho ganar terreno de manera dramática entre la población palestina.

La derrota de Barak y la subida al poder de Ariel Sharon fueron el equivalente, en Israel, de la creciente influencia del extremismo palestino. Salvo su limpio origen democrático —pues ganó unas elecciones con una mayoría significativa— Sharon, al igual que los intolerantes de la Yihad Islámica o de Hamás, siempre militó en contra de los acuerdos de Oslo e hizo todo cuanto estuvo a su alcance por sabotearlos. Nunca admitió el principio de las concesiones recíprocas a favor de la paz, pues siempre creyó que Israel podía hacer prevalecer sus puntos de vista mediante el empleo de la fuerza. Su célebre paseo por la explanada de las Mezquitas, que desencadenó la nueva Intifada que dura hasta hoy, fue una provocación perfectamente concebida para potenciar a los extremistas de uno y otro lado y sacar fuera del juego político a los sectores moderados. Según sus cálculos, que con total franqueza siempre hizo públicos, gracias a su superioridad militar Israel puede reducir a la impotencia a un adversario en el que, de acuerdo a su visión maniquea, no hay matices, no existen divisiones y tendencias, sólo fanáticos y terroristas, empezando por Arafat, «el Osama Bin Laden de Oriente Próximo». Lo trágico no es que un dogmático intolerante de este calibre descollara entre la dirigencia política israelí, sino que, en esa sociedad democrática que ha sido siempre Israel desde su fundación —la única a la que se le puede aplicar este calificativo en todo Oriente Próximo— haya habido una mayoría de electores tan desesperada o turbada por las circunstancias para apoyarlo, legitimando de este modo, como política de gobierno, sus demenciales convicciones. Al confiar a una persona como Sharon los destinos del país el electorado israelí hizo un daño profundo a su causa y, a mediano plazo, prestó un servicio a los enemigos de Israel.

El balance de la relativamente corta gestión de Ariel Sharon en el poder no puede ser más catastrófico. El número de víctimas de las acciones violentas se ha multiplicado en ambos bandos, y, en vez de la seguridad que aquél prometía a sus conciudadanos, éstos viven en el terror cotidiano de unos atentados cuya ferocidad no tiene precedentes y con la perspectiva de un futuro incierto, en el que lo único seguro es la perennización del terrorismo. La presencia de Simon Peres en el Gobierno de Sharon no ha servido para moderar a éste y sí, en cambio, para empobrecer la imagen de un líder muy valioso, cuyo compromiso con la paz nadie puede poner en duda, aunque, desde que forma parte del equipo gobernante actual, no la haya hecho avanzar ni un milímetro. Su desgaste político —aun teniendo en cuenta el heroísmo de su sacrificio—, sirviendo de cobertura a un régimen con las credenciales del actual, sólo dificulta y atrasa el retorno de los laboristas al poder.

Tal vez el daño más grave de la gestión de Sharon sea el desprestigio que para la imagen de Israel en el mundo ha resultado de la práctica del terrorismo de Estado. Los asesinatos selectivos, las invasiones periódicas de aldeas, la destrucción de viviendas y propiedades de vecinos inocentes en represalias por los atentados, el olímpico desprecio a los llamados a la moderación de la comunidad internacional de que su Gobierno hace gala, tienen como efecto que la justa causa de Israel tenga hoy menos defensores en el mundo que nunca en el pasado. Al extremo de que incluso en Estados Unidos, el aliado más fiel de los israelíes, se multipliquen las voces críticas reclamando de las autoridades una política menos sesgada, más neutral, en Oriente Próximo. Porque el respaldo sistemático y acrítico por parte de Washington a un Gobierno extremista e intolerante como el que preside Ariel Sharon atiza el antinorteamericanismo, y no sólo en los países islámicos, como lo comprueba Washington en estos momentos, cuando más necesitado se halla de apoyo en su ofensiva militar contra el terrorismo internacional. Yo no soy el único amigo sincero de Israel —cuya causa defiendo desde hace más de treinta años en artículos, pronunciamientos y acciones cívicas— al que las iniciativas de Sharon producen cada día consternación y tristeza, porque advierte el provecho que ya han comenzado a sacar de ellas los sempiternos antiisraelíes y antisemitas que pululan por el planeta.

Muertos y enterrados como se hallan en la actualidad los acuerdos de Oslo, ¿qué perspectivas hay de revivirlos en un futuro próximo, o de abrir una nueva vía de negociaciones palestino-israelíes? Probablemente muy pocas. Tengo serias dudas de que el plan de paz que anuncia Sharon sea serio, porque toda su actuación en el Gobierno muestra que su voluntad de paz es inexistente; lo probable es que se trate de una mera operación de relaciones públicas dirigida a la opinión pública de Estados Unidos. Porque la política de su Gobierno, encaminada a minar el suelo de los sectores moderados palestinos, a los que ha privado de todo margen de acción, ha tenido sin duda éxito: hoy, entre los palestinos, quienes predican la confrontación e incluso el terrorismo parecen ser más populares que quienes firmaron los acuerdos de Oslo. La radicalización de los palestinos conviene a Sharon, pero cierra las puertas en lo inmediato a toda salida negociada del conflicto, y condena a Oriente Próximo a una guerra sin término, con constantes atentados terroristas e incalculables sufrimientos para la población civil.

¿No hay, pues, solución para la crisis de Oriente Próximo, una de las fuentes y acaso el mayor combustible de la guerra de Afganistán? La hay, a condición de que Estados Unidos, el único país que tiene una influencia real sobre Israel, a quien presta una poderosa ayuda económica (unos tres billones de dólares anuales) e invalorable apoyo diplomático y militar, la use exigiendo del Gobierno de Sharon que enmiende sus métodos violentos de terror de Estado y vuelva a la mesa de negociaciones. Es posible que esta presión no surta efecto en el propio Sharon, que es un fundamentalista, y los fundamentalistas no son permeables a razones ni argumentos pragmáticos, ni siquiera proferidos por un aliado indispensable. Pero, afortunadamente, Israel es una democracia, y si el electorado israelí percibe que la amistad y el apoyo de Estados Unidos peligran por culpa del actual Gobierno, difícilmente le seguirán prestando el apoyo que aún parece tener. Si las cosas llegan a ese límite, es probable que la opinión pública de Israel —allá sí existe, no puede ser manipulada y cuenta como un factor central de la vida política— haga inevitable la pérdida de poder de Ariel Sharon. Es la luz posible que puede abrirse en ese oscuro túnel en el que se halla hundido Oriente Próximo. Porque, me temo, mientras el hombre del paseo por la explanada de las Mezquitas siga gobernando Israel, la paz en Oriente Próximo será una quimera. Y nuevas guerras religiosas sucederán en otros rincones del mundo a la que ahora se abate sobre Afganistán.

Madrid, noviembre de 2001

Después del diluvio

En un breve y enjundioso ensayo, *Tous Américains?*, Jean-Marie Colombani, director de *Le Monde*, analiza el estado político del mundo luego del 11 de septiembre de 2001. Y, luego de constatar los profundos transtornos que las reverberaciones de esa onda sísmica que destruyó las Twin Towers de Manhattan han causado —cambios de alianzas, de antagonismos, de prioridades para los gobiernos y de incertidumbres y temores para las gentes del común— extrae algunas conclusiones que, curiosamente, lejos de atizar el pesimismo de moda entre los comentaristas, abren más bien algunas puertas para la esperanza sobre el futuro de la humanidad.

Aunque el ensayo examina muchos conflictos y regiones de manera sucinta, sobre dos de ellos, prioritarios, hace un análisis en profundidad, absolutamente persuasivo. El primero, la naturaleza del integrismo islámico encarnado por Osama Bin Laden y su organización terrorista Al Qaeda, al que tipifica como un movimiento conservador, antimoderno y antidemocrático, comparable al nazismo, cuyas víctimas primeras, dice, son los propios ciudadanos de los países musulmanes. Colombani desactiva con aplastante argumentación las tesis de quienes, en nombre a veces del pacifismo, y, a veces, del respeto a la «identidad cultural» de los pueblos pobres y atrasados, encuentran atenuantes y hasta justificativos para los actos de terror desatados por el integrismo, señalando que, detrás de estos malabarismos ideológicos, alienta, como inspirador, el más primario antinorteamericanismo. Con la misma claridad y valentía que escribió el polémico editorial de *Le Monde* el 11 de septiembre de 2001 —«Todos somos americanos»— sostiene que la naturaleza reaccionaria y fascista del integrismo justifica la adhesión firme de las democracias a la acción internacional que, encabezada por los Estados Unidos, ha conseguido poner fin al régimen talibán en Afganistán y reemplazarlo por una coalición de tendencias y partidos bajo la tutela de la ONU.

No menos transparente y lúcido, pero mucho más polémico que su vivisección del integrismo, es el punto de vista de Colombani sobre el conflicto que desangra Oriente Próximo, y, más precisamente, sobre el Estado de Israel. Luego de inventariar las resistencias y remilgos que en las cancillerías y Gobiernos occidentales despertó desde sus orígenes el nacimiento del Estado judío —la razón esgrimida: ¿se debía poner en peligro la relación de Occidente con el vasto mundo árabe por el minúsculo Israel?—, sostiene que las razones que justificaron el nacimiento de Israel en 1948 siguen siendo ahora tan válidas como entonces. Esto no significa, ni mucho menos convalidar la brutalidad ni los excesos de la política de Sharon con los palestinos, ni aprobar la multiplicación de colonias israelíes en los territorios ocupados. Por el contrario, a juicio de Colombani, las colonias —punta de lanza del extremismo hebreo— son un obstáculo insalvable para la supervivencia de la democracia israelí. Y absolutamente prescindibles para la supervivencia de un Estado que ha dejado de ser una sociedad agraria y rural y se ha convertido en un país industrial, con empresas de alto rendimiento y sofisticada tecnología, cuyos niveles de vida han crecido hasta acercarse a los de la Unión Europea.

Colombani afirma que la creación de un Estado palestino es indispensable para que llegue a ser una realidad la cohabitación pacífica de ambos pueblos en Oriente Próximo. A su juicio, sólo el funcionamiento de esa sociedad soberana y solvente, que absorba las energías y la imaginación del pueblo palestino, terminará con el irredentismo —el imposible sueño de dar marcha atrás al reloj de la historia a una realidad anterior a 1948— que alimenta la intransigencia y las acciones violentas que hacen imposible el acuerdo con Israel. Su tesis de que este acuerdo, si se concreta, rondará la oferta de Barak que Arafat rechazó en Camp David —devolución del 97 por ciento de los territorios ocupados y partición de Jerusalén—, es realista y positivo. Aunque quizás no lo sea tanto su esperanza de que un Estado palestino, laico y democrático, tendría un efecto contagioso en toda la región y serviría de fermento para la democratización de todo el mundo árabe.

Colombani asegura, refutando con vigor las tesis de Samuel Huntington, que la lucha de las civilizaciones es un mito falaz, porque, por ejemplo, el mundo islámico ofrece un es-

pectro muy diverso de realidades políticas, que
van desde regímenes democráticos, como Tur-
quía, o que se acercan a la democracia, tal Marruecos y el Líbano, e incluso Irán, donde un
vasto movimiento de jóvenes resiste la teo-
cracia fanática de los imanes y ansía la apertura, hasta las dictaduras tipo Siria o Irak. Todo esto es cierto, sin duda. Pero también lo
es, creo, que, con la excepción de la muy im-
perfecta democracia turca, país donde, no hay
que olvidarlo, hubo, con Ataturk, un drástico
proceso de laicización y liquidación del con-
fesionalismo estatal, todos los otros casos de
democratización del mundo árabe son todavía mucho más espejismos que realidades.
Aunque sin duda es importante no meter en
el mismo saco a Gobiernos autoritarios que
guardan ciertas formas democráticas como
Túnez y Marruecos con satrapías vergonzo-
zas donde se mutila a los ladrones o se lapida
a las adúlteras como Arabia Saudí o Sudán,
mientras las sociedades musulmanas no experi-
menten una evolución hacia el laicismo, como
el que en las cristianas independizó la religión
del Estado, la democratización será siempre
muy superficial y precaria.

Sin embargo, ni el integrismo islámico, ni
el terror internacionalizado, ni Israel son el

verdadero protagonista del ensayo del director de *Le Monde*. Lo son los Estados Unidos. El libro se abre y se cierra con un inequívoco gesto de solidaridad y simpatía hacia el país víctima de los atentados del 11 de septiembre, algo que no dejará de atraer sobre Jean-Marie Colombani, director, no lo olvidemos, del diario más influyente en el ámbito de una *inteligentsia* francesa que desde hace ya buen tiempo se caracteriza, como lo recuerda él mismo, por un beligerante antinorteamericanismo.

Esta solidaridad y simpatía no ahorran, desde luego, las críticas a la sociedad estadounidense, la que, según Colombani, habría decaído en valencias morales y políticas de manera dramática desde los tiempos del New Deal y de Roosevelt, evocados en su libro de manera muy generosa: una era de solidaridad y humanidad que se empobreció y degradó por culpa del neoliberalismo de los Gobiernos republicanos, de Reagan a Bush.

Jean-Marie Colombani no incurre, al hablar de los Estados Unidos, en los estereotipos que suelen ser frecuentes en muchos intelectuales europeos, ni mucho menos en la arrogancia despectiva con que otros justifican su desdén hacia ese país en el que, a su parecer, el materialismo ávido habría banalizado la cultura. Por el contrario, hay en su libro algunas punzantes recusaciones de ese antinorteamericanismo basado en el resentimiento, el complejo de inferioridad, o en la nostalgia del comunismo defenestrado, contra el único superpoder que ha quedado en el mundo. Y muchas de sus críticas a la sociedad norteamericana son perfectamente legítimas y necesarias. Como el bárbaro anacronismo que representa la pena de muerte que todavía se practica en muchos estados, el peligro de intolerancia y de violencia implícitas en el fundamentalismo cristiano de ciertos grupos que no vacilan en utilizar el terror en sus campañas «pro vida», contra las clínicas y médicos que practican el aborto, o la supervivencia de focos urbanos de miseria enquistados en un contorno de riqueza desmesurada. Yo también, como Colombani, creo lamentable que, en estos momentos críticos para la historia del mundo, no haya en la Casa Blanca una personalidad más sólida y visionaria que la del mediocre mandatario actual.

Pero, dicho todo esto, creo que, pese a sus visibles esfuerzos de *fair play* (de juego limpio) su visión de la sociedad norteamericana no es del todo justa. Su idea de la «solidaridad», valor humano por excelencia, parece para Colombani algo inseparable de la acción estatal, de los servicios públicos, y por eso ve en el recorte que todos los Gobiernos últimos en Estados Unidos han operado de ciertos entes y programas, una merma de la solidaridad y una inflación del egoísmo (del individualismo). Esto implica un *parti pris* discutible. La solidaridad no pasa necesariamente por la burocracia estatal, y, a menudo, más bien, la burocracia expropia en su provecho buena parte de los recursos que los contribuyentes le confían para el ejercicio de esa «solidaridad» obligatoria. Corresponde a la sociedad civil en su conjunto ejercer aquella solidaridad, y decidir si la mejor manera de hacerlo es mediante los costosos sistemas sociales del Estado protector, a la manera europea, o descentralizar ese ejercicio, asumiéndolo ella en su conjunto, en aquellos órdenes donde la intermediación burocrática (a menudo costosa e ineficaz) es prescindible.

En Estados Unidos el ejercicio de la solidaridad no es un monopolio estatal. Se practica a través de múltiples agentes de la sociedad civil, empezando por las Iglesias y las organizaciones de base (las *grass-roots organizations*) pilares de la participación democrática, a través, por ejemplo, del mecenazgo y voluntaria-

do. ¿Cuántos museos, hospitales, orfelinatos,
hospicios existen y funcionan bajo el volun-
tariado en los Estados Unidos? Esa forma de
solidaridad suele ser —aunque no sea pública
y burocratizada— muy efectiva, como se vio
en Inglaterra, un país que, en el siglo XIX, al-
fabetizó a la sociedad en escuelas financiadas
y administradas no por el Estado sino por la
sociedad civil. Esto no recusa, desde luego,
la necesidad de una acción directamente asu-
mida por el Estado en muchos casos en que la
sociedad civil no puede suplirla; sólo cuestio-
na la idea de que la solidaridad sea, en vez de
una obligación moral y un quehacer descen-
tralizado y privatizado, una mera función administrativa.

En Estados Unidos, los altos escalones del
poder político dejan a veces mucho que desear y merecen las críticas más duras. Pero, en
cambio, la base social sigue siendo democrática, activa, involucrando masivamente a la población en la vida de la comuna, del barrio y a
veces de la propia calle. A ese nivel —el de cientos de millones de ciudadanos anónimos— el
liberalismo no está reñido con la solidaridad,
ni los principios, ni con la humanidad. Y, por
el contrario, concilia admirablemente la libertad con un individualismo creador, que esti-

mula la iniciativa y se concreta en una pujante dinámica social. Esa dinámica ha permitido a Estados Unidos adaptar sus industrias a la revolución informática y a las nuevas tecnologías a una velocidad extraordinaria y ser poco menos que una sociedad de pleno empleo, mientras otras sociedades modernas, por el peso de sus Estados, ven con angustia crecer de manera fatídica sus índices de desocupación.

En su inteligente y estimulante ensayo, lleno de ideas, Jean-Marie Colombani expresa su confianza de que, a partir del 11 de septiembre, Estados Unidos cambie para mejor, asumiendo con más lucidez, responsabilidad y generosidad su papel de gran potencia. Esperemos que sea así. Y, también, que esos cambios, al corregir lo mucho que todavía anda mal allí, no dañen ese espíritu democrático que ha hecho de Estados Unidos —una de las pocas democracias que nunca conoció un régimen dictatorial— la primera sociedad avanzada que, a la vez que progresa, se va convirtiendo en una sociedad multiracial y multicultural, sin que ello provoque allí los traumas que la coexistencia de razas, creencias y culturas diferentes provoca en otras partes.

Londres, 20 de marzo de 2002

La guerra de Sharon

El primer ministro Sharon va a ganar su guerra, pero la va a perder Israel. La está perdiendo
ya en prestigio y credibilidad internacional, al
extremo de que no es exagerado decir que nunca, en toda su existencia, han sido tan unáni-
mes y severas las críticas contra el Estado israelí como las desatadas a partir de la invasión
por el Tsahal de las ciudades, aldeas y campos
de refugiados palestinos, cuyos extremos de ferocidad han provocado una muy legítima consternación en el mundo entero, sin excluir la
censura del amigo más generoso y leal de Israel: los Estados Unidos. Para muestra, basta
este párrafo del severísimo editorial de *The New
York Times* del 10 de abril, titulado, significa-
tivamente, «Sharon insulta a América»: «Los
cañones israelíes, sus toques de queda, sus barreras militares están atropellando las vidas,

la subsistencia y la dignidad de las poblaciones civiles». Leo este texto casi al mismo tiempo que Ernesto Sábato, el escritor latinoamericano que con más convicción y constancia defiende la causa de Israel desde hace medio siglo, pide, en Madrid, «con la misma contundencia que cese la masacre contra el pueblo palestino».

Ni el periódico neoyorquino, ni Sábato, ni el autor de este artículo, ni la inmensa mayoría de los millones de personas escandalizadas en los cinco continentes por la brutalidad de la invasión israelí y sus bombardeos a ciudades abiertas, demolición de hogares, secuestros, asesinatos, redadas masivas, destrucción de los servicios básicos, y castigo inmisericorde y sistemático de la población civil palestina —incluyendo ancianos, niños y mujeres como se ha visto en Jenín— tiene la menor simpatía por las acciones terroristas de la Yihad Islámica y de Hamás, que condenan como la intolerable manifestación de barbarie que son. Ni cuestionan el derecho y el deber de Israel de defenderse contra los kamikazes que hacen volar cafés, autobuses y comercios sacrificando decenas de inocentes. Pero un Estado democrático, como, pese a todo, lo ha sido Israel hasta ahora aun en los momentos más críticos de su historia, no combate el terror con un terror multiplicado sin lastimar su legitimidad y sus credenciales de país libre y civilizado. Y eso es lo que va a ocurrir, comprometiendo gravemente el futuro de Israel, si la presión de la comunidad internacional y un sobresalto democrático interno no ponen fin cuanto antes a la insensata política de Ariel Sharon.

Esta política es insensata, pero no incoherente ni ciega. Tiene la lógica de hierro de esas utopías que se vacunan a sí mismas contra cualquier crítica posible apartándose de la realidad mediante actos de fe y afirmaciones dogmáticas. La cortina de humo con que se justifica —que la operación militar no tiene otro objetivo que «acabar con la infraestructura terrorista»— en verdad presupone esta idea: que Israel sólo conseguirá la paz y la seguridad infligiendo una derrota militar y un escarmiento tal a las poblaciones palestinas que éstas no tendrán otra alternativa que aceptar todas las condiciones que les imponga el Gobierno israelí, pues entenderán que ése será el precio de su supervivencia. Sharon cree contar, para materializar este objetivo estratégico, con la formidable superioridad militar de Israel, no sólo sobre las bandas pobremente armadas de la Autoridad Nacional Palestina, sino sobre las fuerzas bélicas de todos los países árabes colindantes, y con la seguridad de que Estados Unidos, por más que haga gestos reprobatorios y adopte ocasionales actitudes críticas, terminará siempre prestándole todo el apoyo logístico y diplomático que necesite, el único apoyo que cuenta en términos prácticos, aun cuando el resto de la comunidad de naciones y todos los organismos internacionales, empezando por la ONU y la Unión Europea, condenen su proceder.

La arrogancia nubla la visión objetiva de la realidad y lleva a menudo a menospreciar al adversario. Eso debería saberlo, mejor que nadie, el general Sharon, ya que es judío, ciudadano de un pueblo que a lo largo de la historia ha mostrado una prodigiosa capacidad de supervivencia contra poderosísimos enemigos que hicieron lo posible y lo imposible por acabar con él, despojándolo de su fe y su cultura o exterminándolo físicamente. No lo consiguieron y, más bien, las persecuciones, los *progroms* y el holocausto, le dieron la fortaleza y voluntad de lucha sin las cuales no existiría ese país moderno y próspero que es Israel. La guerra que Sharon le ha declarado no va a poner de rodillas al pueblo palestino, y, más bien, va a aumentar su desesperación y su voluntad de resistir a ese adversario superior, con las armas a su alcance, las que sea, incluso las bombas-humanas. Lo cual significa que, a menos de que Sharon, siguiendo la lógica demencial de su razonamiento, decida el puro y simple exterminio de todos los palestinos, algo que ni la opinión internacional ni la propia sociedad israelí tolerarían, la famosa «estructura terrorista», en vez de desaparecer bajo el peso de los bombardeos y los tanques del Tsahal, va a extenderse hasta tener los mismos contornos que la sociedad palestina. Eso está empezando a ocurrir ya, como lo muestra el minucioso informe de *Time* de esta semana, en el que se revela que, a diferencia de hace unos meses, cuando la Yihad Islámica y Hamás debían buscar a sus kamikazes en los márgenes ultrarradicales y fundamentalistas, luego del advenimiento de Sharon y su política de mano dura, los terroristas palestinos proceden de los sectores medios y tradicionalmente moderados de la sociedad palestina.

Cerrando las puertas a toda negociación, decretando que toda solución pasa por las armas, negándose a reconocer como interlocutores válidos a las autoridades que los propios palestinos se han dado, el Gobierno de Sharon no sólo está propiciando un incremento sin precedentes del terrorismo que se encarniza salvajemente con la inerme población civil israelí. Además, ha conseguido devolverle una popularidad y un liderazgo que estaba perdiendo a pasos rápidos, a su odiado Arafat, quien, desde el refugio donde lo tiene secuestrado y humillado el bloqueo israelí, ha pasado a ser un héroe poco menos que mítico para un pueblo palestino y un mundo árabe que, debido a su mediocre gestión manchada por corruptelas y a su zigzagueante política, lo tenían hasta hace poco como una figura opacada y en vías de extinción.

Sharon y los ultras que como él dan por hecho que, debido a la fuerza y eficacia del *lobby* israelí en Washington, Estados Unidos será siempre un aliado incondicional, corren el riesgo de equivocarse. Para todo hay límites, incluso para la solidaridad con un aliado que se extralimita y, como ha ocurrido en este caso, se permite desoír, con desplantes insolentes, el urgente pedido de moderación del amigo más fiel, que, además, le proporciona la muy generosa ayuda anual de unos tres mil millones de dólares. En las actuales circunstancias, la política apocalíptica de Sharon ha creado un problema serio a la diplomacia norteamericana, empeñada en reclutar el apoyo de los Gobiernos «moderados» árabes en su campaña contra el terrorismo internacional. Este empeño se ha visto cortado en seco por los sucesos de Oriente Próximo, y la invasión militar de Israel a las ciudades y campos palestinos ha traído como consecuencia inmediata un recrudecimiento veloz del sentimiento antiestadounidense en todo el mundo árabe. Por eso son cada vez más numerosas las voces que en Estados Unidos piden al Gobierno una revisión de su política de apoyo indiscriminado e incondicional a Israel. Qué duda cabe que las iniciativas guerreristas de Sharon de estos últimos días las cargan de razón.

¿Qué porcentaje de la población de Israel apoya la política de Ariel Sharon? Las encuestas dicen que una mayoría significativa. Esto es, sin duda, el aspecto más grave, cara al futuro, de la crisis presente. Es comprensible, desde luego, que, enfurecida con la monstruosa oleada de atentados terroristas, la opinión pública israelí se haya dejado obnubilar por el extremismo ultranacionalista delirante de Ariel Sharon, creyéndose que mediante una acción armada fulminante, implacable, contra los palestinos, se pondría fin de raíz a la inseguridad y la incertidumbre en que Israel vive. Pero, a estas alturas ya es más que evidente que semejante estrategia es contraproducente, como tratar de apagar un incendio a baldazos de combustible. Si no hay una reacción crítica de parte de la opinión pública israelí, y, más bien, ante la continuación de los atentados, ella se enquista en el radicalismo sosteniendo con sus votos a los halcones fundamentalistas de su Gobierno (los hay todavía peores que Sharon), todo Oriente Próximo puede arder en un conflicto de incalculables consecuencias. Y, contrariamente a lo que suponen los designios catastrofistas de Sharon, de estallar este conflicto generalizado en la región el pequeño Israel no tiene nada que ganar y sí mucho que perder.

El sábado 6 de abril unos quince mil israelíes tuvieron la valentía y la decencia de manifestarse en Tel Aviv contra las operaciones de guerra del Tsahal, coreando «No a la ocupación» y «Sí a la paz». Y el presidente del Parlamento de Israel, el laborista Abraham Burg, así como el ex ministro de Relaciones Exteriores y parlamentario laborista Shlomo Ben Ami, se han pronunciado en términos muy claros por el retiro inmediato de los territorios ocupados, y, por lo menos el primero de ellos, por el retiro del Partido Laborista de la coalición del Gobierno que preside Sharon. Hay que desear que éstos no sean ejemplos aislados de lucidez y mesura, sino expresiones de una corriente de opinión en Israel que, sacudida por los acontecimientos de los últimos días, crezca hasta hacerse escuchar.

Porque éste es el camino de la sensatez, el único que puede conducir, más tarde o más temprano, a esa paz que los extremistas de ambos bandos han conseguido eclipsar, saboteando primero los acuerdos de Oslo, asesinando a Rabin, frustrando la negociación de Camp David en que Israel hizo las mayores concesiones que había hecho nunca, desencadenando una campaña de acciones terroristas y, por último, llevando al poder a un extremista dogmático como Sharon. La opinión internacional debe movilizarse con energía exigiendo la retirada del Tsahal de los territorios y ciudades palestinos invadidos y el inicio de negociaciones inmediatas sobre la base de la propuesta del Príncipe Heredero de Arabia Saudí que ofrece el reconocimiento de Israel por todos los países árabes a cambio del retiro israelí de todos los dominios ocupados en 1967.

París, abril de 2002

Estas fotos fueron tomadas en Israel, la franja de Gaza y los territorios ocupados de Cisjordania en las últimas semanas de agosto y las primeras de septiembre de 2005. Fui allí con mi hija Morgana para tratar de averiguar si la decisión unilateral de Ariel Sharon de desalojar los asentamientos de Gaza abría una nueva perspectiva de paz en la región y la manera como palestinos e israelíes reaccionaban ante esta iniciativa. Aunque el territorio es tan pequeño que un viajero puede circunvalarlo entre el desayuno y la cena, en la actualidad resulta complicado recorrerlo —a veces pesadillesco— por las barreras militares y el muro que lo cuadrillan y las colas, controles e interrogatorios que en cada uno de estos puntos demoran el tránsito. A pesar de ello, la experiencia resultó fascinante porque en ese rincón del mundo la historia parece más potente y la vida más intensa que en cualquier otro lugar.

Las leyendas son fieles en espíritu a las informaciones recogidas de viva voz de boca de sus protagonistas, pero ellas resumen en unas frases lo que a veces fueron conversaciones de muchas horas, y, a veces, confesiones sueltas y monólogos desordenados. Mis textos omiten muchas cosas y recrean otras pero no creo haber tergiversado en ellos —no conscientemente en todo caso— nada esencial de lo que palestinos e israelíes me dijeron.

Mario Vargas Llosa

A Dios rogando

«Rezo a Alá —sea siempre bendecido y alabado— cinco veces al día, a la voz del *muezzín*, arrodillándome en dirección a la Meca. Le pido que me dé fuerzas para conservarme siempre puro de cuerpo y de espíritu, a fin de servirlo mejor. Y le pido, también, que nos traiga la paz. Soy soldado de la Autoridad Nacional Palestina y creo que nuestro pueblo ha sufrido ya demasiado por culpa de la yihad (guerra santa). Tenemos que negociar con Israel y poner fin a la matanza y a la

miseria en que vivimos. Los hermanos que quieren seguir guerreando nos empujan al abismo. ¿De qué sirve el martirio de unos pocos si cada día hay menos trabajo y más hambre en los campos de refugiados? ¿Vamos a suicidarnos todos y dejarle Palestina entera a los judíos? Paz, paz, nuestro pueblo quiere paz».

PLANES DE DIOS PARA EZEQUIEL

«Dios tiene un plan para cada individuo y para cada nación. Para Israel, Dios tiene planeado que vuelva a ocupar la tierra prometida, algo que ya empieza a ocurrir. La retirada de Gaza decidida por Sharon es un pequeño traspiés, un error que deberá ser corregido. En este asentamiento de Mizpe Jericó somos 300 familias, unas 1.500 personas que observamos los mandamientos de la Torah y servimos devotamente a Dios. Para el mundo entero es una bendición que Israel recupere las tierras que hace dos mil años perdió. También para los árabes. Ellos pueden quedarse aquí, si aceptan que ésta es la tierra que el Señor nos dio a nosotros, los judíos. Si no lo aceptan, pueden irse, integrarse a los muchos países árabes que rodean al Gran Israel. O pueden rebelarse contra Dios y pelear. Pero, entonces, los mataremos. Decir que algún día habrá dos Estados en la tierra de Israel es una obscenidad tan sacrílega como encender fuego en *shabbat*».

UNA FAMILIA DECENTE

«Mi esposa y yo llegamos al campo de refugiados de Al Shatti, en Gaza, hace treinta años. Aquí nacieron nuestros diez hijos, de los que han sobrevivido los siete que aparecen en la foto. Somos una familia muy unida que, a pesar de vivir en esta ratonera de sólo dos cuartos, en este barrio sin desagüe y donde el agua y la luz se cortan un día sí y otro también, se considera feliz. Las mejores épocas fueron aquellas en las que mis hijos y yo podíamos cruzar la frontera e ir a trabajar en Israel, en la agricultura o en las fábricas. Desde que estalló la Intifada y, en 1991, se cerró la frontera, se acabó el empleo. Ahora hace cinco años que comemos las raciones de comida que nos reparte semanalmente la UNRWA, la oficina de la ONU para los refugiados. Es poco y a veces las tripas de los niños gruñen de hambre. Pero ninguno de nosotros ha robado ni mendigado ni lo hará jamás. Nuestros padres nos enseñaron lo que hemos inculcado a nuestros hijos: la pobreza no está reñida con la decencia y, aun en las peores circunstancias, debemos alegrarnos de vivir».

LA VIDA ES UNA PESADILLA

«El muro maldito partió en dos las calles de mi pueblo y dejó, a un lado, mi casa, y, al otro, la escuela de mis hijos, el sembrío de mi marido, y el oftalmólogo donde llevo a Alí, una vez por semana, para las curaciones que lo salvarán de la ceguera. Los soldados israelíes nos hacen esperar a veces varias horas, de pie, a pleno sol, y, de pronto, sin la menor explicación, nos devuelven a la casa: «Nadie más cruzará esta puerta hasta mañana. Pueden irse». Ahora hemos encontrado esta rendija por donde podemos cruzar el maldito muro a escondidas, como lagartijas. Pero sabemos que no durará y que pronto los israelíes taparán también este hueco y la vida volverá a ser la pesadilla acostumbrada. Lo único que le pido a Dios es que con todas estas servidumbres mi pobre Alí no se quede ciego».

Nada más fácil que morir

«Los judíos han salido de Gaza y su Ejército ha tenido que demoler las casas donde vivían y sacar a los colonos a la fuerza. No se han ido por su propia voluntad. Los hemos echado nosotros, los *muyahidín*, atacándolos, resistiendo sus abusos, sin dejarnos desmoralizar por los asesinatos, las torturas y las detenciones masivas de que son víctimas tantos palestinos. Yo estoy orgulloso de Hamás y del fusil que ha puesto en mis manos. La organización me ha devuelto a Dios, de quien yo me había apartado como muchos jóvenes de mi edad, a causa de la desesperación que causa la impotencia. Era otra táctica de los israelíes para exterminar al pueblo palestino: volvernos impíos y corrompernos. Mis hermanos y yo hemos llevado la guerra contra los ocupantes a sus hogares, a sus ciudades, a los lugares sacrílegos donde se divierten ofendiendo a Dios. También hemos limpiado las calles de Gaza del exhibicionismo obsceno en que estaba hundiéndose nuestro pueblo. Ahora, ninguna mujer palestina se atreve a salir de su casa sin guardar el recato debido en su atuendo y su conducta. Ahora, los musulmanes que beben alcohol, las mujeres impúdicas, los ladrones y los proxenetas saben lo que les espera si no se corrigen. El pueblo nos apoya y obedece nuestras consignas porque somos honrados, fieles a la causa de la liberación de Palestina y porque para nosotros morir es más fácil que matar».

No tememos a Hitler ni a Sharon

«Hemos venido desde los asentamientos de Judea y Samaria a manifestar nuestra solidaridad con nuestros hermanos los colonos de Gaza, a los que Sharon, el traidor, ha ordenado evacuar de la tierra que ellos llenaron de huertos, jardines, viveros, escuelas y sinagogas. Se comete una monstruosidad contra ellos y contra el pueblo judío en general. El Gobierno que elegimos para que nos defienda se ha vendido a los terroristas palestinos y se apresta a entregarles la tierra que Dios eligió para Israel. Ha podido cometer este abuso porque los colonos de Gaza son apenas ocho mil. Pero en Jerusalén, Judea y Samaria nosotros somos cientos de miles y no cederemos a los árabes ni un milímetro de la tierra prometida. Hitler y los nazis no pudieron acabar con los judíos. Sharon, el traidor, tampoco podrá».

LA VICTORIA ES DE ALÁ

«He venido a la manifestación de mis hermanos de Hamás en las calles del campo de refugiados de Yabalia, en Gaza, para celebrar la partida de los judíos de los veintiún asentamientos que Israel ha tenido que desmantelar. Por eso hago la V de la victoria y sonrío. Tengo la voz ronca de tanto vitorear a los *muyahidin* que desfilan por el barrio con sus fusiles, sus banderas y las fotografías de los mártires. Ellos son nuestros héroes. Nunca podremos agradecerles bastante lo que hacen por nosotros. Sin su valentía y sacrificio, acaso Israel hubiera logrado su deseo de exterminar a todos los palestinos. Aunque, tal vez, sea una impiedad lo que digo. Porque quien, en verdad, ha echado de Gaza a los judíos es Alá, bendito sea su nombre y alabado. Los hermanos de Hamás —ellos nunca se cansan de decirlo— no son más que los instrumentos de su infinita sabiduría y voluntad».

LA VIDA NUNCA ES ABURRIDA

«Ahora que los colonos de Netzarim se han ido, después de demoler sus casas, habrá que buscar otras diversiones. Antes, la mejor manera de pasar el tiempo era apostarse junto a las rejas electrificadas y, con hondas o a mano limpia, bombardear con piedras los autos en los que pasaban. Si les rompíamos los cristales, se enfurecían, frenaban y a veces se bajaban a tirotearnos. Nosotros ya estábamos quietos y escondidos entre las rocas y los huecos que cavábamos para ese fin. Teníamos, a la vez, miedo y felicidad. ¿Qué haremos ahora que se han ido? ¿Robar fruta? ¿Jugar al fútbol? ¿Quedarnos en la escuela a las clases de baile y de canto? ¿Ir a escuchar a los contadores de cuentos del mercado? Esas cosas parecen tonterías comparadas con lo entretenido que era apedrear a los colonos de Netzarim y hundirse en la tierra como gusanos para no recibir una bala en el fundillo».

EDIFICIOS VACÍOS

«Mi padre me contó que esos edificios vacíos que se ven al fondo del puerto de Gaza comenzaron a construirse en 1995, después de los acuerdos de Oslo, cuando el presidente Arafat volvió a Palestina y pareció que habría paz y se abrirían las fronteras. Pero como lo que volvió fue la guerra, todos se quedaron a medio hacer. Ahora se han llenado de murciélagos y telarañas. A mí no me importa ni tengo tiempo para pensar en eso. Ayudo a mi padre a pescar en la madrugada y en la noche, y, en el día, después de la escuela, voy a escarbar las basuras del campo de Yabalia donde encuentro a veces algo que pueda servir a la familia. Ahora el ama de la casa es la mayor de mis hermanas. Lo es desde que mi madre murió, de pena, cuando le vinieron a decir que mi hermanito menor, el que vendía naranjas en el mercado, había sido pisoteado por una multitud que corría huyendo de una balacera».

EL PASADO FUE MEJOR

«Ésta era la calle más elegante y concurrida de toda Palestina, la de las tiendas más nutridas y las mejores residencias. Luego vinieron los colonos israelíes y se instalaron por la fuerza donde quisieron. Y, tras ellos, llegaron los soldados, que, con el pretexto de protegerlos, confiscaron todo el barrio, lo sembraron de puestos de control y de alambradas y sellaron todas las fachadas. Ahora, éste es un barrio fantasma y los pocos árabes que nos atrevemos a pasar por aquí nos exponemos a que los colonos nos insulten, apedreen o salgan a cazarnos como a bestias. Ahora, ellos son los amos y nosotros, los huérfanos de nuestro propio país».

TRAICIONADOS

«Cuando llegamos aquí, hace veinticuatro años, a fundar este asentamiento en el que han nacido mis hijos, en este rincón de Gaza no había más que polvo, piedras, basuras y serpientes, además de otras alimañas ponzoñosas. Los colonos le dimos vida con nuestro sudor y nuestras oraciones. Construimos un oasis de limpieza, eficiencia y modernidad del que exportábamos flores y frutas al resto del mundo. ¿Por qué el Gobierno de Ariel Sharon ha decidido traicionarnos, arrancándonos de una tierra que hemos hecho fructificar con nuestras manos? ¿No fue él mismo quien nos exhortó a fundar colonias en Gaza? ¿No repitió cien veces a lo largo de estos veinticuatro años que esta tierra era tan nuestra como Haifa y Jerusalén? ¿Qué ocurrió para que, de pronto, se pasara al enemigo? ¿Qué confusión vive el mundo cuando ahora son los propios judíos los que despojan y exilian a los judíos? Hasta hace unos minutos mis hijas y yo estábamos convencidos de que Dios no toleraría esta injusticia, que escucharía nuestra plegaria y comparecería en Gush Katif para impedirla. Pero no ha venido. Ahora los soldados y los policías ya evacuaron a todos nuestros vecinos, de modo que nuestra suerte está también echada. Ahí están, ya cortaron la reja, ahora pisotean nuestro jardín y uno de ellos tiene en sus manos un alicate de ladrón para forzar la puerta de la casa. Está abierta, infeliz, entra nomás, aquí en Gush Katif jamás un colono echó llave a la puerta de su hogar».

MIS VECINOS, LOS COLONOS

«En 1986 los colonos israelíes entraron a Tel Rumeda y empezaron a expulsar a las 300 familias árabes que vivíamos en este arrabal de Hebrón. Ahora sólo quedamos 50. Ni yo, Hashem al Azzeh, ni mi mujer ni mis dos hijos nos iremos de esta casa que edificó mi padre, aunque los colonos nos sigan martirizando noche y día. Estas viñas las cortaron ellos con sierras metálicas una tarde de enero de 2003. Vinieron diez colonos con tres soldados, nos encerraron y arruinaron mi huerto para siempre. Todas las noches arrojan las basuras del asentamiento sobre el techo y el patio de mi casa. Y sobre nosotros orinan cada vez que quieren orinar. La diversión de los niños judíos del asentamiento es tirar piedras a mis hijos cuando regresan del colegio. A veces salen en grupos a pegarles. Y los soldados israelíes, en vez de atajarlos, los festejan. Tampoco les impiden escribir «Muerte a los árabes» en las paredes y se ríen cuando nos ven subiendo a gatas a nuestras casas, por los cerros, porque las fachadas han sido selladas con plomo derretido. Pero ni por ésas ni miserias aun peores nos sacarán vivos de aquí. Lo digo y lo firmo: Hashem al Azzeh».

ABUELAS Y CONSUEGRAS

«¿Quién dice que una judía y una musulmana no pueden ser amigas? Nosotras lo somos, y, además, consuegras y abuelas felices de dos nietecitos preciosos. El último acaba de nacer. Cuando nuestros hijos decidieron casarse —él, palestino, y ella, israelí— nos pusimos muy nerviosas. No por prejuicio ni intolerancia, sino pensando en la vida difícil que iban a tener en una tierra donde son verdaderamente excepcionales las uniones matrimoniales mixtas. Pero si a ellos no les importó, a nosotras tampoco. Allegra y Abed tuvieron que instalarse aquí en Belén, porque él, ex preso político —estuvo dieciséis años en la cárcel—, no tiene permiso para poner los pies fuera de esta ciudad. Conoció a Allegra cuando estaba en la cárcel; ella fue su abogada defensora. Abed ha hecho una carrera política, es ahora alcalde de este distrito. A pesar de que ella es judía y él musulmán, se llevan de maravilla. Y defienden las mismas cosas. Por ejemplo, que Palestina e Israel sean un solo Estado, democrático y laico, donde palestinos e israelíes tengan los mismos derechos y deberes y coexistan sin entrematarse, como hacen ellos dos. Todo eso parece bastante remoto, desde luego. Pero acaso no sea imposible. ¡Quién nos hubiera dicho que íbamos a ser consuegras y a llevarnos tan bien! Ah, se nos olvidaba algo importante. El mayor de nuestros nietos, un chiquillo vivo y muy travieso, tiene un nombre muy bonito. Se llama Jerusalén».

«Mi hija es una heroína»

«Cuando dos policías de la Autoridad Palestina vinieron a decirme que mi hija Wafa Idris era la mártir que se había hecho volar con una bomba atada al cuerpo en la calle Jaffa de Jerusalén, perdí el sentido. Desperté en el hospital pero desde entonces —enero de 2002— nunca he vuelto a sentirme, de verdad, despierta. Día y noche ando aturdida, como viviendo en una pesadilla. Idris tenía 29 años y, tres meses antes, se había graduado de enfermera. Nació y vivió siempre en Amari, este campo de refugiados que está en las afueras de Ramallah. No era nada religiosa y ni siquiera se cubría los cabellos en la calle. Pero cuando su marido la repudió, por ser incapaz de darle un hijo, algo se quebró en ella, íntimamente. No se quejaba, porque tenía orgullo y dignidad. Acaso fue por eso que, sin decírselo a nadie de la familia, se afilió a Fatah y se ofreció a ser mártir y heroína. Si me lo hubiera contado, ¿habría tratado de atajarla? Tal vez. Es posible que hiciera lo que hizo para vengar a su hermano, el mayor de mis hijos, a quienes los israelíes torturaron y tuvieron ocho años en la cárcel. Aunque mi corazón es una llaga y ya no sé vivir, no puedo lamentar lo que mi hija hizo ni compadecer a sus víctimas. Ésta es una guerra y, así como ellos nos matan, es justo que los matemos a ellos. Mi hija está ahora en el Paraíso. Espero verla pronto allá».

Mario Vargas Llosa junto a miembros de Hamás en Palestina.

Niños colonos de Gaza saludan militarmente junto al muro de Jerusalén.

La estrella de David en la puerta de una vivienda árabe en Hebrón.

Parada militar de Hamás en el campo de Yabalia, en Gaza.

En la imagen, un refugiado palestino que vive de la pesca rodeado de niños en Gaza.

En la imagen, Nafizz Azzam, dirigente de la Yihad Islámica con su hijo.

En la imagen, Pnina, cuyas madre e hija murieron en un atentado.

En la imagen, Meir Margalit acompañado de un grupo de niños pasean por unas ruinas palestinas derribadas por israelíes.

Bienvenido, Mitzna

Para los amigos de Israel —entre los que me cuento— que hemos seguido con creciente espanto la política seguida en estos últimos diecinueve meses por el Gobierno presidido por Ariel Sharon, ha sido una bocanada de esperanza la noticia de la elección de Amram Mitzna, el exitoso alcalde de Haifa, como el nuevo líder del Partido Laborista, que disputará con el Likud, actualmente en el poder, las elecciones fijadas para el próximo 28 de enero.

El nuevo dirigente laborista, que no está contaminado por la alianza que una fracción mayoritaria de su partido forjó con el Gobierno de Sharon, propone, si gana las elecciones, reabrir de inmediato las negociaciones de paz con los palestinos, retirar a las tropas y desmantelar los asentamiento israelíes de la franja de Gaza y Cisjordania, y admitir, como precio de la coexistencia con el adversario tradicional, la división de Jerusalén y la creación de un Estado palestino.

Aunque algunas voces solitarias, como la del ex canciller israelí Shlomo Ben Ami se habían pronunciado en este sentido, en contra de la opinión de su propio partido, da la impresión de que, por fin, con la victoria de Amram Mitzna sobre Benjamin Ben-Eliezer, la sensatez y el pragmatismo vuelven a prevalecer en la dirección laborista, luego de año y medio de casi total enfeudamiento y subordinación de este partido a la política extremista, xenófoba y, a la postre, autodestructiva en la que Ariel Sharon precipitó a Israel desde su malhadado y provocador paseo por la explanada de las Mezquitas que hizo estallar la nueva Intifada. Ella sigue hasta nuestros días regando Oriente Próximo de cadáveres y escombros y prácticamente ha cancelado el proceso pacificador iniciado en Oslo por Rabin y Arafat.

A nadie debe desmoralizar la noticia de que, en estos momentos, las encuestas pronostican una fácil victoria del Likud sobre el laborismo en las elecciones del próximo enero. Lo cierto es que, hasta ahora, el electorado israelí no tenía alternativa, pues, debido a la lamentable abdicación del Partido Laborista, la única opción que se le ofrecía era la de la guerra sin cuartel a los palestinos en que funda toda su política Ariel Sharon. La excusa esgrimida por los dirigentes laboristas para integrar la coalición de Gobierno —que, desde el interior, ejercerían una influencia moderadora— no funcionó en absoluto. Por el contrario; al cumplir, en el Gobierno extremista, una mera función de comparsas, los laboristas se desprestigiaron y dejaron el campo libre a un Likud exacerbado y sectario para promocionar su rechazo de los acuerdos de paz, tan laboriosamente concertados en Oslo, desatar una ofensiva militar cruel, desproporcionada y contraproducente contra el pueblo palestino como si todo él, sin matices ni excepciones, fuera responsable de los atentados terroristas que han llenado de horror y de sufrimiento las ciudades de Israel.

Estos atentados de las organizaciones extremistas palestinas, hay que recordarlo, han alcanzado una violencia demencial, con las matanzas ciegas a civiles inermes en tiendas, cafés, discotecas, ómnibus, sembrando el pánico en todos los hogares israelíes y exasperando muy explicablemente a una sociedad que se siente infiltrada por bandas de asesinos y expuesta a ser asesinada a mansalva. Pero, a la vez que los atentados suicidas deben ser condenados como los injustificables crímenes de lesa humanidad que son, es también preciso preguntarse si ellos no resultan la consecuencia inevitable de una política como la del Gobierno de Sharon, que, de entrada, cierra todas las puertas a la negociación, y castiga a la población civil palestina con verdadera ferocidad después de cada atentado, como si toda ella fuera colectivamente responsable de los actos de terror. ¿Qué otra respuesta posible cabe esperar de los palestinos ante una política que los hace a todos ellos solidariamente culpables de los asesinatos de israelíes, y les bombardea sus viviendas, ocupa sus ciudades, deporta a sus vecinos y practica los asesinatos selectivos? Esta política no tiene posibilidad alguna de triunfar, porque, pese a todo su poderío, el Ejército israelí no conseguirá nunca golpear e intimidar a los palestinos hasta imponerles la fórmula unilateral que el propio Sharon tiene de lo que deberían ser los acuerdos de paz. Esta política sólo puede atizar el odio recíproco y mantener la monstruosa carnicería de palestinos e israelíes indefinidamente.

Es posible, que, ahora que sí tiene una alternativa, el electorado israelí que apoyó de manera tan resuelta a Rabin y a Peres cuando tuvieron el coraje de firmar los acuerdos de paz, deje de apoyar una política de intransigencia y violencia que no ha hecho avanzar un ápice la seguridad ni la paz, sino que ha exacerbado la tensión entre las dos comunidades hasta romper toda forma de diálogo entre ellas, a la vez que se multiplicaba el terrorismo e Israel, a consecuencia de la inseguridad y la guerra, se veía sumida en una crisis social y económica de graves consecuencias sobre el futuro del país. No es imposible que en estas circunstancias, muchos votantes israelíes escuchen el llamado de la moderación y el realismo que ha llevado a la dirección del partido al alcalde Amram Mitzna, con 16 puntos de ventaja sobre su adversario, Benjamin Ben-Eliezer, que fue ministro de defensa —¡nada menos!— de Ariel Sharon.

Un retorno al poder del laborismo es, desde mi punto de vista, la única luz al fondo de ese túnel en que el Likud ha sumido a Israel desde hace diecinueve meses. Porque, aunque parezca mentira, dentro del propio Likud, la alternativa a Ariel Sharon es la de un ultra todavía más extremista y enloquecido, el ex premier Benjamin Netanyahu, quien en su afán de recuperar el poder jugando la carta del apocalipsis, promete, de entrada, como acción

inicial de su eventual Gobièrno, secuestrar a
Arafat y expulsarlo de Palestina. ¿Por qué no
asesinarlo, simplemente?

Amram Mitzna no tiene experiencia par-
lamentaria ni ha ocupado cargos en el Gobierno central, pero esas credenciales, con lo
que viene pasando en las altas esferas del poder en Israel, en vez de perjudicarlo más bien
lo favorecen. Y pueden despertar, en el lado
palestino, una mejor disposición al diálogo y
al entendimiento. Ha sido un magnífico alcalde de Haifa durante nueve años, y ha sabido
ganarse, en esta ciudad donde hay una vasta
comunidad árabe-israelí, no sólo las simpatías
de los judíos inmigrantes y los religiosos, sino
también la de los votantes palestinos. Ésta es,
sin duda, una excelente carta de presentación
para quienes aspiran a que Israel viva algún día
en paz con sus inevitables vecinos.

Y debería ser una garantía, asimismo, para los israelíes ansiosos de alcanzar por fin la
siempre huidiza seguridad, que el nuevo líder del Partido Laborista sea uno de los ex oficiales del Ejército israelí más condecorado en
acciones de guerra. En 1967, cuando dirigía
una unidad artillada, fue herido tres veces en una
misma batalla. Desde esa época lleva barba: fue
una promesa, hecha con un grupo de compa-

ñeros de armas, de no volverse a afeitar hasta que Israel no sellara una paz definitiva con los árabes.

Hasta que ese día llegue, Israel vivirá al borde del abismo y con un macabro signo de interrogación sobre su futuro. No importa que su Ejército sea uno de los poderosos y eficientes ni que su estrecha relación con los Estados Unidos le asegure una extraordinaria infraestructura logística y un formidable apoyo económico. No fueron los fusiles ni los dólares los que hicieron posible la extraordinaria epopeya de los pioneros sionistas que, a base de indecibles sacrificios, coraje, trabajo e idealismo, construyeron un país moderno y democrático en un desierto estéril y humedecido de la sangre que vertieron en él muchos siglos de satrapías y despotismos. Esos pioneros llegaron a aquella miserable provincia del imperio otomano que era Palestina con las manos abiertas hacia los árabes y con una voluntad de paz y coexistencia que dio a Israel una valencia moral sobre la intransigencia y violencia de sus enemigos, algo que ahora, por la ceguera nacionalista y dogmática que personifican políticos como Ariel Sharon y Benjamin Netanyahu, ha perdido casi totalmente, al extremo de que cada vez se extiende más por el mundo la idea que sus enemigos han acuñado de él: la de una potencia colonizadora que prolonga, en nuestros días, la vieja tradición imperialista de Occidente.

Esto último tampoco es verdad, por lo menos no lo es todavía. Para que no lo sea tampoco en el futuro es imprescindible que llegue a su ocaso de una vez la hora de Ariel Sharon y comience cuanto antes la de Amram Mitzna.

Nueva York, 20 de noviembre de 2002

El cristal con que se mira

En el mes que llevo en Washington DC me ha impresionado la falta de equidad con que, casi sin excepciones, los grandes medios de comunicación de Estados Unidos informan sobre el conflicto palestino-israelí. En los diarios y en la televisión se da cuenta detallada de los estragos y tragedias que causan en la población civil de Israel los atentados suicidas de los terroristas palestinos y el estado de inseguridad, pavor y tortura psicológica en que, por culpa de la inconmensurable crueldad de esos fanáticos de Hamás y de la Yihad Islámica convertidos en bombas humanas que hacen volar autobuses, cafés, discotecas, hospitales, vive la sociedad israelí. Las imágenes de la televisión suelen ilustrar de manera conmovedora el calvario de esas familias de Jerusalén, Haifa, Tel Aviv o de los asentamientos, destrozadas por los asesinatos colectivos de inocentes en que perecen niños, ancianos, inválidos. La semana pasada, *The New York Times* reseñaba el dramático testimonio de un rabino jerosolimitano, refiriendo el sobresalto permanente de las gentes de su ciudad que, en el asiento del ómnibus, la mesa del restaurante o el cinema, tienen todos sus sentidos alertas, esperando la deflagración asesina, de esas vidas a las que el terror ha ido vaciando de alegría, ilusiones, confianza y confinado en la angustia y el miedo. Era difícil no leer ese artículo sin sentirse sobrecogido.

Pero sólo de manera excepcional, y por lo común con brevedad y a la carrera, aparecen informaciones sobre los estragos y tragedias que hace padecer a la sociedad civil palestina la ferocidad con que el Gobierno de Ariel Sharon responde a esos ataques terroristas. El norteamericano promedio, que no lee prensa europea ni ve la BBC, o las noticias de las televisiones francesa, alemana, italiana o española, como hago yo, probablemente desconoce que los bombardeos de los helicópteros israelíes contra las casas de reales o supuestos terroristas palestinos causan muchos muertos inocentes, y que la demolición sistemática de viviendas y la deportación de implicados en actos de violencia dejan en el desamparo —y a veces sepultadas bajo los escombros— a familias tan inermes e inocentes como las que mueren en los atentados contra civiles de los fanáticos palestinos.

Sólo pequeñas minorías de políticos o intelectuales de Estados Unidos están al tanto de la agresiva política de multiplicar los asentamientos en territorio palestino que, desde que asumió el poder, Sharon lleva a cabo, con olímpico menosprecio de las llamadas de atención (tímidas, es cierto) que le hace al respecto su mejor (y único) aliado, el Gobierno norteamericano, explicándole lo que el líder del Likud sabe de sobra y por lo visto quiere que ocurra: que debido a esa política jamás haya una verdadera paz en Oriente Próximo. Para los ciudadanos comunes y corrientes de este país está clarísimo que Arafat es un gran obstáculo para la paz, por su trayectoria sinuosa y su complicidad con iniciativas antidemocráticas y violentas. Pero muy pocos sospechan que se puede decir exactamente lo mismo de Ariel Sharon, lo que no ha sido obstáculo para que una mayoría de sus conciudadanos respalde su extremismo, exactamente como ocurre con Arafat.

«Las cosas son según el cristal con que se miran» solía decir mi abuelo Pedro, al que le encantaban los refranes. Si el conflicto palestino-israelí se mira de esta manera sesgada que reseño es difícil, para no decir imposible, que la opinión pública de Estados Unidos presione a su Gobierno para que éste, a su vez, (el único que puede hacerlo en el mundo) presione al Gobierno israelí a que cambie de política de modo que pueda entablarse una negociación entre Israel y la Autoridad Palestina con alguna esperanza de éxito. Es verdad que la intransigencia y el maximalismo no son sólo atributos de Sharon y quienes lo secundan, sino, también, de sectores crecientes de la sociedad palestina, a la que la frustración de una situación que no parece tener salida y las infinitas penalidades han ido echando cada vez más en brazos de los extremistas. Pero lo cierto es que en Israel ha ocurrido otro tanto y esto ha hecho que la causa israelí, desde la toma del poder por el Likud, haya perdido la superioridad moral y cívica que conservó hasta los acuerdos de Oslo que firmaron Simon Peres y Rabin. Los asesinos de éste último sabían lo que hacían.

La parcialidad de la información respecto a Israel es el factor determinante para que el Gobierno de Estados Unidos no pueda facilitar un acuerdo de paz, algo que sólo él está en condiciones de lograr por la influencia que ejerce sobre los dos adversarios, pues la Unión Europea ya no es considerada un interlocutor válido por la clase política israelí, convencida de que aquélla ha tomado el partido del enemigo y está infiltrada de antisemitismo. ¡Como si criticar al nefasto Gobierno de Sharon —el peor enemigo que haya tenido la causa de Israel desde que llegaron a Palestina los primeros sionistas—, algo que hacen felizmente muchos israelíes lúcidos y demócratas, implicara solidarizarse con los puñaditos de neonazis que queman sinagogas o pintan cruces gamadas en los cementerios europeos!

Mientras este estado de cosas no se reforme, muy pocos políticos estadounidenses se atreverán a desafiar los truismos que los medios han inculcado a la opinión pública de este país sobre el conflicto palestino-israelí. Pues el precio que pagan por ello es alto. Que lo diga, si no, el ex gobernador de Vermont, Howard Dean, que estaba punteando la lista de precandidatos del Partido Demócrata para la elección presidencial y que, en un debate televisado con los otros precandidatos, hizo una afirmación que, a mí al menos, me pareció atinada e irrefutable: que si Estados Unidos quiere ejercer una influencia decisiva en la solución de aquel conflicto que tiene en vilo a Oriente Próximo es indispensable que guarde una posición neutral entre las dos partes en pugna. El senador Joseph Lieberman, otro precandidato, lo acusó de querer subvertir una línea de conducta diplomática de Estados Unidos respaldada por cincuenta años de ejercicio, y, tras él, las críticas que llovieron sobre Howard Dean fueron tan duras que el gobernador debió hacer una discreta marcha atrás. Ni por ésas: ha bajado en las encuestas y los medios, que habían acogido con simpatía sus gestos y pronunciamientos —radicales en temas sociales y conservadores en política fiscal—, ahora casi no hablan de él.

No estoy insinuando siquiera que haya una «conspiración judía» que mantenga secuestrados a los medios informativos estadounidenses, sino que los *lobbies* que promueven la política de Israel en los Estados Unidos son extraordinariamente eficaces, en tanto que los palestinos muestran una ineptitud clamorosa para explicar y defender su causa. No por falta de recursos, desde luego, sino por desconocimiento de los mecanismos sutiles y complicados de las instituciones y costumbres norteamericanas y porque, a menudo, se han contentado con llegar a los pequeños cenáculos y tribunas de izquierda radical, lo que ha tenido el efecto contraproducente de alejarlos aún más de la opinión pública promedio, que es la determinante en la vida política. Uno de sus mejores voceros y que, gracias a sus credenciales intelectuales de alto nivel, solía hacerse oír —mejor dicho, leer— por un público amplio, Edward Said, acaba de morir, abatido por una leucemia que lo minaba desde hacía más de diez años, y esa ausencia va a acentuar todavía más la orfandad palestina en los medios de Estados Unidos.

Pero no hay que caer en el pesimismo de pensar que, siendo así las cosas, la monstruosa sangría que viven israelíes y palestinos seguirá hasta la agonía e inanición de ambos pueblos. Porque hoy, justamente, leo en las páginas interiores de *The New York Times* y *The Washington Post* una noticia a la que yo le habría dado la primera página: un grupo prominente de políticos de Israel y Palestina, encabezados por el ex ministro de Justicia israelí Yossi Beilin y el ex ministro de Información palestino Yasser Abed Rabbo, ha redactado un simbólico acuerdo de paz que será firmado dentro de unas semanas en Ginebra. Los principales puntos del acuerdo establecen que el Estado palestino comprendería toda la franja de Gaza y casi toda la orilla occidental del Jordán. La capital estaría en el sector árabe de Jerusalén Oriental. Israel conservaría unos veinte —entre los más grandes— de los asentamientos que tiene en la orilla occidental y compensaría por ellos a los palestinos cediéndoles tierras en la región sureña del país. Israel cedería también el control de la Gran Mezquita o Noble Santuario en la ciudad vieja de Jerusalén pero retendría la soberanía del Muro de las Lamentaciones. Sobre el espinoso tema de los refugiados de la guerra árabe-israelí de 1948 y sus descendientes, el acuerdo de paz establece que podrían elegir entre vivir en el Estado palestino, en un tercer país o recibir una compensación por los bienes perdidos. Pero deberían renunciar a reclamar sus viviendas dentro de territorio de Israel.

Aunque el Gobierno de Sharon se ha apresurado a rechazarla, y aunque Arafat no se haya pronunciado sobre ella, no hay duda que ésta es una iniciativa sensata. Además de presentar fórmulas razonables, susceptibles de ser perfeccionadas, tiene la gran virtud de romper el *impasse* en que la preponderancia de los extremistas en ambos bandos ha llevado a las negociaciones de paz. Ella nace del seno de la sociedad civil y la auspician esos sectores que no se han dejado enajenar por la histeria violentista que ha echado raíces profundas en ambas sociedades, por culpa de quienes creen que, mediante la fuerza y el terror, pueden imponer una solución unilateral a ese trágico desgarramiento que ya ha hecho llamear Oriente Próximo y podría incendiar al resto del mundo. La comunidad internacional debería apadrinarla.

Washington DC, 15 de octubre de 2003

Abu Ghraib, Gaza

Albert Camus lo explicó de manera inmejorable: no son los fines los que justifican los medios, sino los medios los que justifican los fines. Derribar una tiranía sanguinaria como la de Sadam Husein y ayudar a Irak a convertirse en una democracia moderna es un noble objetivo; pero si, para conseguirlo, las fuerzas militares de Estados Unidos violan los derechos humanos y perpetran en las cárceles de la antigua satrapía torturas tan crueles y abyectas como las que practicaba la *Mukhabarat* o policía política del viejo régimen aquel objetivo se desnaturaliza y muda en un mero pretexto. La defensa de la población israelí contra las organizaciones terroristas palestinas que llevan a cabo atentados ciegos contra la sociedad civil es una finalidad perfectamente legítima, pero cuando un Gobierno, como el de Ariel Sharon, se cree autorizado a cumplir ese cometido atacando con misiles aéreos a poblaciones inermes, asesinando niños, mujeres y ancianos, realizando asesinatos preventivos y dinamitando las viviendas de conocidos, familiares o vecinos de reales o supuestos terroristas, ese Gobierno se ha vuelto terrorista y perdido todo derecho a reclamar una superioridad moral sobre los fanáticos empeñados en acabar a sangre y fuego con el Estado de Israel.

Los horrores que el mundo ha visto en estas últimas semanas en las pantallas de televisión y los diarios, con imágenes procedentes de las mazmorras de Abu Ghraib, la cárcel de las afueras de Bagdad que Sadam Husein convirtió en el símbolo de la ignominia por los tormentos infligidos en ella a sus víctimas, y de las calles y descampados del campo de refugiados de Rafah, en Gaza, tomados por las tropas de choque israelíes, han provocado una reacción indignada en la opinión pública internacional. No es exagerado decir que ellas han hecho más daño a Estados Unidos e Israel que todas las bombas y los ataques suicidas de los extremistas islámicos de los últimos meses. ¿Qué credibilidad pueden tener, cotejadas con las fotografías de esos prisioneros desnudados, obligados a masturbarse y a sodomizarse, sometidos a descargas eléctricas o a los colmillos de perros bravos ante la regocijada imbecilidad de sus guardianes, las afirmaciones del presidente Bush o del secretario de Defensa Rumsfeld de que Estados Unidos se halla en Irak para traer la libertad y la legalidad al pueblo iraquí? ¿Y quién podría prestar seriedad alguna a los alegatos de Sharon, ante los cadáveres de los niños palestinos aniquilados por la metralla en las calles atestadas de hambre y de miseria de Gaza, que su política no tiene otro fin que defender a Israel? Los torturadores de Abu Ghraib y los comandos exterminadores de Sharon sueltos en Gaza han prestado un servicio inconmensurable a quienes vienen sosteniendo hace tiempo que no hay diferencias entre Bush y Sadam Husein y entre Ariel Sharon y los dirigentes de Hamás y la Yihad Islámica.

Sin embargo, pese a todo el justificado desprecio que nos pueden merecer las torturas en Abu Ghraib y los crímenes israelíes contra la población civil de Rafah, conviene hacer un esfuerzo, evitar las peligrosas amalgamas, y, aun en medio del ruido y la furia, discriminar con un mínimo de racionalidad.

Una sociedad democrática puede tener en su Gobierno a una mediocridad sin atenuantes, como Bush, o a un carnicero como Sharon, pero hay en ella unos mecanismos de control, revisión y rectificación de los yerros que justifican la esperanza, es decir, la posibilidad de un cambio radical de política. En Estados Unidos y en Israel estos mecanismos existen y, en estos días de escándalo, los hemos visto en acción.

Nadie ha tenido hasta ahora, me parece, la ocasión de ver la cara del joven soldado Joseph Darby, que, el 13 de enero, en un acto de gran coraje y de decencia moral, presentó espontáneamente una denuncia sobre lo que ocurría en Abu Ghraib a la División de Investigaciones Criminales, acompañando su denuncia con un CD repleto de fotografías, parte de las cuales se abrieron camino hasta la televisión y los diarios de Estados Unidos. El Pentágono y el propio Rumsfeld no pudieron silenciar esta denuncia, origen de la tormenta que ha remecido de pies a cabeza a la administración Bush. Aunque hasta ahora sólo hay siete soldados y policías incriminados —ridículos chivos expiatorios de lo que a todas luces eran unas prácticas generalizadas de extorsión y ablandamiento de prisioneros para arrancarles información—, ya han rodado muchas cabezas de generales, entre ellas la del propio general Sánchez, jefe de las fuerzas de la coalición en Irak, y es muy probable, casi seguro, que las torturas de Abu Ghraib le signifiquen a Bush la derrota en las elecciones de noviembre. Varios cientos de prisioneros injustamente detenidos en Irak han sido liberados y la ominosa cárcel de Abu Ghraib será pronto demolida. Esto puede ser insuficiente para reparar el daño, pero nada de ello hubiera podido ocurrir en el régimen de Sadam Husein o en cualquier otra dictadura.

La crítica más feroz a las atrocidades contra civiles palestinos en Gaza no ha salido de la boca o la pluma de los adversarios de Israel, sino de Tomy Lapid, líder de un partido laico israelí de corte centrista y ministro de Justicia del propio Gobierno de Ariel Sharon. Hay que saludar la valentía y la limpieza ética de este israelí, tan admirables como las del soldado Joseph Darby, a quienes los intolerantes y fanáticos de sus respectivos países acusan de traidores a la patria. En verdad, nadie encarna mejor que ellos lo que puede haber de limpio y de digno en esa peligrosa palabra, refugio de canallas como recordó Samuel Johnson, patriotismo. El ministro Lapid, nieto de una mujer asesinada por los nazis en Auschwitz, no tuvo empacho en decir, desde

su escaño en el Parlamento de Israel, que las
imágenes de las mujeres palestinas escarban-
do los escombros de sus casas derribadas por
los tanques de Israel le «recordaron a su abuela». Y pidió que terminaran las demoliciones
de viviendas en el campo de refugiados de Gaza porque esas acciones de represalias «no
eran humanas, no eran judías». Aunque hayan llovido injurias y diatribas sobre Tomy
Lapid éste se halla todavía en el Parlamento
y en el Gobierno y al frente de su partido. No
sólo él representa, en su país, la alternativa de
la sensatez y la decencia a la política demencial de Sharon. Hace apenas dos semanas una
gigantesca multitud que se calcula entre cien
mil y ciento cincuenta mil personas se mani-
festó en el centro de Tel Aviv, apoyando la salida de Israel de Gaza, y pidiendo que el Gobierno de Israel entable negociaciones con la
Autoridad Palestina. En los medios escritos
y audiovisuales del país las críticas a los excesos y desafueros de Sharon son frecuentes.
Como lo es el número de oficiales y soldados
del Ejército israelí que públicamente se han
negado a servir en acciones represivas o de
exterminio de poblaciones civiles. Desgra-
ciadamente, no hay ejemplos equivalentes del
lado palestino.

No sólo por razones éticas hay coincidencia entre lo sucedido en Abu Ghraib y Gaza. La verdad es que la crisis de Irak y el problema palestino-israelí están visceralmente entreverados. El apoyo acrítico y total que el presidente Bush ha dado al plan de Sharon, durante la última visita de éste a Washington, no ha contribuido en nada a facilitar una solución negociada al problema neurálgico de Oriente Próximo y sólo ha hecho más difícil y largo el fin de las hostilidades en Irak. En este país y en todos los países árabes hay enormes sectores sociales ansiosos por salir del oscurantismo despótico en el que todavía viven. Pero, mientras Estados Unidos sea percibido —y nadie ha hecho tanto como Bush para que ello sea cierto— como un aliado y cómplice sistemático de la política del Gobierno de Ariel Sharon, de imponer al pueblo palestino mediante acciones represivas salvajes, apropiaciones de territorios, asesinatos preventivos, hostigamiento militar y asfixia económica, una paz que se parece a la de los cementerios, cualquier acción o iniciativa procedente de Washington —incluso la muy positiva de derribar a un tirano que era un homicida patológico o la de impulsar una democratización— resulta sospechosa y es recibida con desconfianza y hostilidad. Eso ha convertido lo que parecía un paseo triunfal de las fuerzas de la coalición en Irak en la trampa mortal de la que ahora no saben cómo librarse.

Mucho me gustaría que se viera en Israel —y no es imposible que ello ocurra, pues, lo repito, a pesar de la política de Sharon ese país es *todavía* una democracia— el documental *Death in Gaza* que pasó anoche la televisión británica. Fue dirigido por el camarógrafo James Miller, que murió por disparos del Ejército israelí mientras estaba filmándolo, en el mes de mayo pasado. Describe, con una helada objetividad, la vida que llevan los niños y las niñas en el campo de refugiados de Rafah, entre los escombros, la mugre, el miedo y las incursiones de los tanques y soldados de Israel, que dejan siempre una secuela de sangre y muerte. La diversión de estas criaturas es salir a tirar piedras a los enemigos y, el resto del tiempo, distraer el hambre con sueños de odio, venganza, martirio, o esperar una muerte parecida a la que cercenó la vida de sus hermanos, padres, amigos. Entre los testimonios hay el de una adolescente, que ha perdido ocho miembros de su familia, y que mira a la cámara con una desazón y un vacío profundo, como si ya estuviera muerta. Mientras lo veía, de pronto sentí que las lágrimas me mojaban la cara. Parece mentira que la hermosa gesta de los sionistas que, después de sufrir tanto en Europa, llegaron a Palestina a convertir el desierto en un vergel y a construir una sociedad fraterna, libre y generosa, haya terminado en esta vergüenza.

Londres, 28 de mayo de 2004

Este libro se terminó de imprimir
en los talleres gráficos de Metrocolor S. A.
Los Gorriones 350, Lima 9, Perú
en el mes de junio de 2006